Suhrkamp BasisBiographie 52 **Friedrich Nietzsche**

Leben Werk Wirkung

W0293799

Christian Niemeyer, geboren 1952 in Hameln, Erziehungswissenschaftler und Psychologe, ist seit 1993 Professor für Sozialpädagogik an der TU Dresden. Im Rahmen eines DFG-Projekts erforschte er die pädagogische Nietzsche-Rezeption (2001-2005). Seit 1994 hat er zahlreiche Bücher und Aufsätze zu Friedrich Nietzsche veröffentlicht, u. a. *Nietzsches andere Vernunft. Psychologische Aspekte in Biographie und Werk* (1998). Zuletzt erschienen: *Nietzsche verstehen. Eine Gebrauchsanweisung* (2011) und *Nietzsche-Lexikon* (Hg.; 2. Auflage 2011).

Friedrich Nietzsche

Suhrkamp BasisBiographie
von Christian Niemeyer

Suhrkamp BasisBiographie 52 Erste Auflage 2012 Originalausgabe
© Suhrkamp Verlag Berlin 2012
Alle Rechte vorbehalten, insbesondere das der Übersetzung, des öffentlichen Vortrags sowie der Übertragung durch Rundfunk und Fernsehen, auch einzelner Teile. Kein Teil des Werkes darf in irgendeiner Form (durch Fotografie, Mikrofilm oder andere Verfahren) ohne schriftliche Genehmigung des Verlages reproduziert oder unter Verwendung elektronischer Systeme verarbeitet, vervielfältigt oder verbreitet werden.
Druck: Kösel, Krugzell · Printed in Germany
Umschlag: Hermann Michels und Regina Göllner
ISBN 978-3-518-18252-9
Die Schreibweise entspricht den Regeln der neuen Rechtschreibung, Zitate wurden in ihrer ursprünglichen Schreibweise belassen.

Inhalt

Anhang

Der Mann mit der Peitsche im Nacken

Berühmt-berüchtigt ist sie auf jeden Fall: jene Aufnahme des Luzerner Fotografen Jules Bonnet vom Mai 1882, auf welcher Nietzsche an der Seite seines damals besten Freundes Paul Rée den zweiten Esel an der Deichsel eines Leiterwagens mimt. Auf ihm sitzt, eher zögernd denn triumphierend, die von beiden vergötterte 21-jährige Petersburger Generalstochter Lou von Salomé, eine Peitsche in der Hand haltend und erkennbar das Kommando führend. Dieses Foto zeigt uns Nietzsche gleichsam auf seinem Höhepunkt: zukunftsfroh in Sachen Lou, aber auch im Blick auf die endgültige Genesung von seiner Krankheit, die ihn drei Jahre zuvor zur Aufgabe seiner Baseler Professur genötigt hatte; ganz erfüllt von seiner neuen Aphorismensammlung *Die fröhliche Wissenschaft* (1882). Nicht zu vergessen: Noch ist Nietzsche angetrieben von seinem Freigeistideal, das ihm u. a. anriet, im Interesse des Wahrheitsstrebens zur Not auch das Exil zu wählen sowie »ein Weib aus einem anderen Volke als dem eignen« (A 8, S. 348) – ein Weib wie Lou?

Lou von Salomé, Paul Rée und Friedrich Nietzsche, 1884

Nur ein Dreivierteljahr später ist alles vorbei: Die Freundschaft mit Rée ist Hass auf einen (unterschätzten?) Nebenbuhler gewichen, Lou fungiert, auch wegen nicht durchschauter Intrigen von Nietzsches Schwester Elisabeth, als *femme fatale*, die jemals geliebt zu haben Nietzsche wütend in Abrede stellt. Und die Peitsche? Sie erlebt eine wundersame Wiederauferstehung im Abschnitt *Von alten und jungen Weiblein* aus *Zarathustra I* (1883). Hier schwadroniert ein »altes Weiblein« darüber, dass, wer »zu Frauen« gehe, die Peitsche nicht vergessen dürfe (A 4, S. 86) – als, wie Nietzsches Schwester flugs ergänzte, sein Mitbringsel, also: als Symbol seiner »Herrschaft«, wenn nicht gar: als Zeichen »des starken Herrn« (Förster-Nietzsche 1904, S. 561). Damit manifestierte sich Nietzsches Ruf als Verfechter einer gleichsam martialischen, wenn nicht

gar antifeministischen Philosophie vom Typus ›Wille zur Macht‹ – und dies, obgleich jenes Foto den Rückschluss erlaubt, es gehe auch in der Peitschenszene des *Zarathustra* um Lous Peitsche auf dem Leiterwagen und mithin um einen mahnenden Hinweis Nietzsches im Blick auf die Überlegenheit, welche die Frau im Angesicht des in sie hoffnungslos verliebten Mannes für sich reklamieren kann.
Zweierlei kann man aus diesem Beispiel lernen. Erstens: dass man Nietzsche offenbar ganz schnell unrecht tun kann. Sowie, zweitens: dass sich manches an Nietzsches Werk nur biographisch aufklären lässt. Nietzsche selbst hat denn auch mahnend darauf hingewiesen, dass beispielsweise im *Zarathustra* »unglaublich Vieles persönlich Erlebtes und Erlittnes« (B 6, S. 443) Eingang gefunden habe, das nur ihm verständlich sei. Wer – so die Moral aus dieser Geschichte – um Nietzsches Leben nicht weiß, um die Details jener Liebestragödie, auch um Nietzsches Krankheit und deren Ursachen, wird bei der Deutung von Nietzsches Werk notwendig Schiffbruch erleiden.

Leben

Aber der Mensch nur ist sich schwer zu tragen!
Das macht, er schleppt zu vieles Fremde auf seinen Schultern.
Dem Kameele gleich kniet er nieder und lässt sich gut aufladen.
Sonderlich der starke, tragsame Mensch, dem Ehrfurcht innewohnt:
zu viele fremde schwere Worte und Werthe lädt er auf sich, –
nun dünkt das Leben ihm eine Wüste!
(*Also sprach Zarathustra III*, *Vom Geist der Schwere 2*)

Ein Kamel und seine Lasten: Kindheit und Jugend (1844-1864)

Friedrich Wilhelm Nietzsche – dieser von Nietzsche nur selten erwähnte, geschweige denn benutzte komplette Taufname weist bereits darauf hin – wuchs mit einer schweren Bürde auf: Am 15. Oktober 1844, dem ›Königsgeburtstag‹, in Röcken bei Lützen als ältester Sohn des Pfarrers Carl Ludwig Nietzsche (1813-1849) und dessen Frau Franziska, geb. Oehler (1826-1897), zur Welt gekommen und vom Vater auf den Namen des ihn protegierenden erzkonservativen Königs Friedrich Wilhelm IV. (1795-1861) getauft, sollte nicht nur diesem »Hohenzollernnamen« (A 14, S. 472) Genüge tun, sondern auch dem väterlichen, dem theologischen Erbe. Speziell dieses Erbe war jedoch hoch ambivalent, wenn nicht vergiftet: Einerseits gab der Vater – so Nietzsche 1858 – »[d]as vollendete Bild eines Landgeistlichen« (KGW I/1, S. 282) ab, in seiner Eigenschaft als mit einer Pastorentochter verheirateter Röckener Pastor und als Sohn des Eilenburger Superintendenten Friedrich August Ludwig Nietzsche (1756-1826), der seinerseits, in zweiter Ehe, mit der Tochter des Reichenbacher Archidiakonus Christian Friedrich Krause (1740-1783) verheiratet gewesen war. Mehr Pastor, so wird man zugestehen dürfen, ist kaum möglich. Andererseits – und Nietzsche sah hier dreißig Jahre später sehr viel klarer – spricht der frühe Tod des Vaters nach langem

König Friedrich Wilhelm IV.

Carl Ludwig Nietzsche, um 1848

Siechtum, das Nietzsche zwischen seinem vierten und fünften Lebensjahr hautnah miterlebte, für einen zuvor stattgehabten »Niedergang«, ließ ihn als »décadent« erkennbar werden, kurz: versah Nietzsche, zumal im Blick auf die zwar langlebige, aber nicht wirklich gern lebende, eher unscheinbar-ängstliche Mutter, mit dem Ballast einer »doppelten Herkunft, gleichsam aus der obersten und der untersten Sprosse an der Leiter des Lebens« (A 6, S. 264).

Krankheit und Tod des Vaters

Die Krankheit des Vaters – »vermutlich Syphilis im Endstadium« (Reich 2004, S. 145), von Nietzsches Schwester Elisabeth (1846-1935) später als Folge eines Sturzes verharmlost – ließ Nietzsche Raum für mancherlei Spekulationen, zumal auch sein Brüderchen Joseph (1848-1850) früh verstorben war. Im Ergebnis dessen könnte dies ihn, der sich vermutlich seinerseits 1865 oder 1866 mit Syphilis infiziert hatte, motiviert haben, sich als Opfer der vom Vater eingeschleppten Erbsyphilis zu deuten, mit der Folge des im Spätwerk auffällig gehäuften Nachdenkens über Vererbung, Prostitution und Zeugungsverhinderung (vgl. Niemeyer 2011, S. 22 ff.).

Nietzsche – Opfer der »Erbsyphilis«?

Wohl als Korrektiv zu dieser insoweit überaus dunklen Erzählung, die auch Nietzsches Christentumskritik forcierte, erprobte er andere, positivere Zurechnungen, beispielsweise in Richtung seiner Großmutter Erdmuthe Nietzsche, geb. Krause (1778-1856), bei der es sich um jenes geheimnisvolle Muthgen aus dem Tagebuch des jungen Goethe handele. Dies war zwar auf geradezu peinlich berührende Weise falsch berechnet (allenfalls wäre, wie Nietzsche schließlich auch erkannte [B 8, S. 127], deren Mutter, also Nietzsches Urgroßmutter, in Betracht gekommen). Gleichwohl schreckte er nicht davor zurück, diese (unwahrscheinliche) Variante zumindest in einer Vorstufe zu *Ecce homo* zu erproben, und dies ergänzt um den Hinweis, Erdmuthe sei ausgerechnet an jenem Tage »des grossen Kriegsjahrs 1813« mit seinem Vater niedergekommen, an dem »Napoleon mit seinem Generalstab in Eilenburg einzog« (A 14, S. 472). Diese von Nietzsches Schwester begeistert aufgegriffene Mär gehorchte erkennbar dem Zweck, dem Vater ein geistiges Erbe anzudichten, dessen sich der Sohn nicht schämen musste. Auch konnte Nietzsche so die Verbitterung mildern, die sich in *Ecce homo* in Gestalt des (kindlichen)

Klagerufs Bahn bricht, es sei »das äusserste Zeichen von Gemeinheit, seinen Eltern verwandt zu sein« (A 6, S. 268 f.).
So ambivalent wie das väterliche Erbe war auch Nietzsches Einordnung desselben. Mit 14 Jahren notierte er in seiner ersten Autobiographie *Aus meinem Leben* (1858): »Ich habe nun schon so manches erfahren [...], aber in allem hat mich Gott sicher geleitet wie ein Vater sein schwaches Kindlein«, um mit Seitenblick auf seinen verstorbenen Vater geradezu trotzig anzufügen: »Aber sein heiliger Wille geschehe!« (KGW I/1, S. 310) Erst Jahre später, in *Vom Nutzen und Nachtheil der Historie für das Leben* (1874), am Ende seiner Klage über den frühen Tod Raffaels (1483-1520) – in einem Alter, in dem auch sein Vater starb –, wird Nietzsche ein »neues Geschlecht« fordern, das sich um das (christliche, aber letztlich unmoralische) »So ist es« nicht mehr kümmert, »um vielmehr mit heiterem Stolze einem ›So soll es sein‹ zu folgen« (A 1, S. 311). Wie man sieht, brauchte Nietzsches erste anti-christliche Pointe seine Zeit.
In der Umkehrung heißt dies: Zunächst blieb Nietzsches Glaubensbild und auch sein Bild des Vaters intakt, ebenso wie dessen Autorität. Dafür sprechen Erinnerungen an Szenen aus seiner Kindheit nach dem Tod des Vaters, in denen er dessen »mahnende Stimme« (A 8, S. 194) gehört habe. Auch Verwandte brachten ihm selbige immer wieder in Erinnerung, etwa sein Vormund und ›angeheirateter‹ Cousin Bernhard Daechsel, der Nietzsche zur Konfirmation in Rückerinnerung an den Vater »die Freundlichkeit seines Herzens und die Heiterkeit seines Gemüthes« als väterliches »Erbtheil« (KGB I/1, S. 350) zur geflissentlichen Beachtung anempfahl.
Ähnlich empfand Nietzsches Mutter, die nach dem Tod ihres Gatten nur noch Schwarz trug und zusammen mit der Schwiegermutter Erdmuthe sowie zwei (unverheirateten) Schwägerinnen nach Naumburg zog. Dort bewohnte sie ab Sommer 1858 ein Haus (Am Weingarten 18), das sie 1876 käuflich erwarb (KGB I/4, S. 715), dahin tendierend, ihre Art der Huldigung des Andenkens an den Verstorbenen zu einer Sache aller zu machen. Im Ergebnis überrascht nicht, dass Nietzsche die ihm überlieferte, verbreitet hohe Wertschätzung seines Vaters aufsog und dazu neigte, sein eigenes Naturell aus der gleichsam offiziellen

Kolportage zu stilisieren: Ich bin »bloss mein Vater noch einmal und gleichsam sein Fortleben nach einem allzufrühen Tode« (A 6, S. 271). Wenn man diesen Satz (aus *Ecce homo*) seinem sarkastischen Ton nach begreift, offenbart er eine andere, eher abgründige Botschaft: die vom Auftauchen des großen Anti-Vaters in der Gestalt des weise gewordenen Sohnes, dessen Fortleben seine Rechtfertigung allein daraus bezog, dass er sich zum schärfsten Ankläger der dunklen Seiten des vom Vater repräsentierten christlichen Glaubens machte.

Naumburger Domgymnasium

Landesschule Schulpforta

Unter diesen Vorzeichen besuchte Nietzsche ab Herbst 1855 mit eher mäßigem Erfolg das Naumburger Domgymnasium, ehe er 1858, wohl in erster Linie seines Status als Halbwaise und Pastorensohn wegen, einen Freiplatz an der renommierten Landesschule Schulpforta (bei Naumburg) erhielt, beharrlich konfrontiert mit Erwartungen der Mutter sowie der Verwandtschaft, er werde, dem Vorbild des Vaters folgend, gleichfalls Pastor. Entsprechend ist es kaum verwunderlich, dass Nietzsches Schulzeit durch Strenge und hohe Leistungsanforderungen gekennzeich-

Landesschule Schulpforta, Studierstube, um 1900

net war. In dem für Nietzsche maßgeblichen Lehrplan, der Hinweise auf ein schon früh grundgelegtes transkulturelles Denken gibt (Figl 2003), dominierten Fächer wie Griechisch und Latein bei internatsmäßiger Unterbringung und entsprechend reduzierten, in der Regel auf die Sonntage bzw. die Schulferien beschränkten Möglichkeiten, die Familie und Freunde zu tref-

fen. Die Kindheit galt als störende Episode auf dem Weg zum Erwachsensein, eine Lesart, die Nietzsche sich rasch zu seiner eigenen machte. Seine frühen Briefe legen Zeugnis ab über einen sehr ernsten und arbeitsamen Schüler, der seinen Erfolg trotz unübersehbarer Überbürdungseffekte als Zeichen für die sich in ihm dokumentierende Nähe zum Vater genießt. Sein Vater habe »die Keime des Ernsten, Betrachtenden« (KGW I / 3, S. 418) in seine Seele gelegt, heißt es 1864 in einer autobiographischen Notiz. Ein Jahr später versieht Nietzsche seine Klage über die des Wetters wegen ausstehende Heiterkeit seines Gemüts mit dem denkwürdigen Zusatz: »[A]ber nein, Heiterkeit ist mir fremd, sage ich lieber Ruhe.« (B 2, S. 91) Entsprechend spärlich sind Berichte über Jugend- und Schulstreiche.
Auf den Kern der im engeren Sinn pädagogischen Erfahrung geht das Wort seiner Schwester, »daß jetzt nirgends Kinder so streng erzogen werden wie wir es wurden« (Förster-Nietzsche 1935, S. 35). Der Ausdruck ›Strenge‹ steht für mehr als nur dafür, dass, im gegebenen Fall, hart gestraft und sehr auf Leistung, Korrektheit und Christengläubigkeit geachtet wurde. Nietzsches Definition von 1881, Erziehung sei »Umtaufen-lernen oder Anders-fühlen lernen« (A 9, S. 479) sowie Zarathustras legendärer Bannspruch auf den ›Geist der Schwere‹ lehren etwas ande-

> »Fast in der Wiege giebt man uns schon schwere Worte und Werthe mit: ›gut‹ und ›böse‹ – so heisst sich diese Mitgift. Um derentwillen vergiebt man uns, dass wir leben. / Und dazu lässt man die Kindlein zu sich kommen, dass man ihnen bei Zeiten wehre, sich selber zu lieben: also schafft es der Geist der Schwere.« (Friedrich Nietzsche, *Also sprach Zarathustra III: Vom Geist der Schwere*; A 4, S. 242)

res. Nietzsche beklagte mit diesem in der Reformpädagogik zur Wirkung gelangten Satz vor allem die durch Erziehung vorangetriebene Beschädigung seiner ihm höchst eigenen Wertungs- und Empfindungsweise. An wen dabei vor allem zu denken ist, offenbart sein Klageruf von 1885 / 86: »Welche Marter für ein Kind, immer im Gegensatz zu seiner Mutter sein Gut und Böse anzusetzen und dort, wo es verehrt, gehöhnt und verachtet zu werden!« (A 12, S. 15) Vgl. S. 107

Zu Beginn der mit dieser bitteren Pointe abgeschlossenen Reihe steht wohl das Verslein, das der gerade Zweieinvierteljährige zum 21. Geburtstag seiner Mutter auf Vorgabe seiner Tante Rosalie aufsagen sollte: »Liebe Mutter ich wünsche Dir Glück, und mir einen freundlichen Blick.« (Zit. n. Schmidt 1995, S. 45) Zumindest die Tante hat sie also sehr wohl registriert: die beginnende Vereinsamung eines Kindes, dem schon im Alter von fünf Monaten seitens seines strengen Vaters eine ganz außerordentliche »geistige Lebendigkeit« (ebd., S. 43) attestiert wurde, ein Kind mithin, das nicht ganz einfach war und sich noch Jahre später (1862) dem brieflich mitgeteilten mütterlichen Tadel ausgesetzt sah, »immer etwas anderes zu thun als die Anderen« (KGB I 1, S. 388). In *Die fröhliche Wissenschaft* (1882) wird Nietzsche die Lektion aus dieser Erfahrung auf den ihn nun interessierenden theoretischen Punkt – die Vereinsamung – bringen. Entsprechend gehemmt fällt Nietzsches Aufstand aus. Zwar

Franziska Nietzsche, um 1850

»Ein kalter Blick, ein verzogener Mund von Seiten Derer, unter denen und für die man erzogen ist, wird auch vom Stärksten noch *gefürchtet*. Was wird da eigentlich gefürchtet? Die Vereinsamung! als das Argument, welches auch die besten Argumente für eine Person oder Sache niederschlägt! – So redet der Heerden-Instinct aus uns.« (Friedrich Nietzsche, *Die fröhliche Wissenschaft*; A 3, S. 415)

meinte er später (1887) von einer ihm eigenen Bedenklichkeit gegen die Moral sprechen zu dürfen, »welche in meinem Leben so früh, so unaufgefordert, so unaufhaltsam, so in Widerspruch gegen Umgebung, Alter, Beispiel, Herkunft auftrat, dass ich beinahe das Recht hätte, sie mein ›A priori‹ zu nennen« (A 5, S. 249). Tatsächlich aber trieb ihn dieses aller Erfahrung vorausgehende Vermögen nicht sonderlich weit. Als es beispielsweise Ostern 1861 zwischen Mutter und dem mittlerweile 16-jährigen Sohn zu ersten Auseinandersetzungen in Glaubensdingen kam, kroch der Rebell postwendend zu Kreuze: »Verzeihe mir doch ja liebe Mamma, aber dann bitte ich dich, nie mehr dieser Ereignisse zu gedenken, sondern sie als ungeschehen zu betrachten.« (B 1, S. 155)

Dass Nietzsche dies die Mutter von Schulpforta aus wissen ließ, zu jener Zeit beunruhigt durch immer wiederkehrende heftige Kopfschmerzen, war freilich nur Fassade, jenseits derer es heftig zu brodeln begann. Dazu gehört auch das gleichsam private Entdecken immer neuer Lesefreuden, darunter Jean Paul (1763-1825), den der Vierzehnjährige vor allem seines »satyrischen Witz[es]« wegen zu einem seiner zukünftigen »Lieblingsschriftsteller« (KGW I, 2, S. 123) erklärte. Der Höhepunkt dieses gleichsam außerschulisch erworbenen Wissens ist mit dem englischen Romantiker, Dandy und Bürgerschreck George Gordon Lord Byron (1788-1824) erreicht. Nietzsches Würdigung im Dezember 1861 in einem Vortrag für die *Germania*, einem mit seinen Naumburger Schulkameraden Gustav Krug und Wilhelm Pinder gegründeten Bildungsverein, ist beredt und eröffnet den Ausblick auf ein Leben jenseits der »Naumburger ›Tugend‹« (B 6, S. 256) und mithin jenseits von Gut und Böse. Wie ein später Widerhall wirkt in dieser Frage der halbpornographische Abschnitt *Unter Töchtern der Wüste* aus *Zarathustra IV* (1885), den Nietzsche, leicht verändert, auch in seine *Dionysos-Dithyramben* (1888) aufnehmen wird. Bemerkenswert dabei: Die Namen der hier in einschlägiger Tätigkeit porträtierten sphinxhaften Huren entlehnte Nietzsche den Werken Byrons (vgl. Köhler 1989, S. 64).

Aber nicht nur den Zugang zu Byron, auch jenen zur Welt der Musik sowie zur Welt Richard Wagners eröffnete die *Germania*, wobei allerdings Differenzierungen notwendig sind. So konzentrieren sich Nietzsches Kompositionen, zumeist Vertonungen von Gedichten populärer romantischer Autoren, auf die Jahre 1860 und 1865 und sind anlassbezogene Pflichtgaben für ebenjene *Germania* (s. NH, S. 179 ff.). Auch Nietzsches wohl gehaltvollste Komposition *Nachklang einer Sylvesternacht* (1871), die er im Januar 1872 ohne besonders positive Resonanz in Tribschen zusammen mit Cosima Wagner – der sie gewidmet war – zu Gehör brachte, geht der Grundidee nach (die Nietzsche allerdings schon nach 10 Takten verlässt) auf eine Komposition für Klavier und Violine vom Jahreswechsel 1863/64 zurück und damit auf die Zeit des gemeinsamen Musizierens mit seinem Jugendfreund Krug. Nicht alles aus dieser Zeit weist allerdings so eindeutig in Richtung Wagner, extrem geschönt ist beispielsweise Nietzsches Bemerkung aus *Ecce homo*: »Von dem Augenblick an, wo es einen Klavierauszug des Tristan gab [...], war ich Wagnerianer.« (A 6, S. 289) Die Fakten sehen doch etwas anders aus: Nietzsches erster Kontakt mit Wagners *Tristan und Isolde*, für Weihnachten 1860 im Elternhaus Krugs geplant, aber erst Ostern 1861 realisiert, war eher unglücklich verlaufen, ähnlich wie der zweite in den Herbstferien 1862, und selbst noch im Mai 1864 hielt Krug gegenüber Nietzsche unter Bezug auf eine *Tannhäuser*-Aufführung in Karlsruhe den Weckruf für geboten: »Ich wünschte Dich herbei, lieber Fritz, ich glaube Du hättest meine Freude geteilt über diese famose Oper.« (KGB I/1, S. 422) Nietzsche bereitete sich zu dieser Zeit in Schulpforta auf das Abitur vor und blieb in seiner Antwort demonstrativ gelassen: Er säße gerade an einer Arbeit über Theognis, ein Konzert habe es zwar auch gegeben, aber, und hier kommt es auf jedes Komma an: »vielmehr eine Vorlesung, denn das Konzert war die Nebensache.« (B 1, S. 283) Nietzsches geistige Welt, so kann man dieser kleinen subtilen Spitze entnehmen, wusste sich noch ungestört von jener schwärmerischen Selbstverlorenheit, der sich der hoffnungslose Wagnerianer Krug schon längst nicht mehr zu entziehen vermochte.

Erster Kontakt mit *Tristan und Isolde*

Vorbereitung auf das Abitur

Am 29. September 1864 verließ Nietzsche nach insgesamt sechs Schuljahren Schulpforta mit dem Abitur und der Abschlussnote »ausgezeichnet« in Latein und einem »gut« in Griechisch (NL, S. 341), innerlich umgetrieben von dem 1862 niedergelegten Ziel, zu einem »unparteiische[n] und der Zeit angemessene[n] Urtheil über Religion und Christentum« (KGW I/2, S. 431) zu finden.

Ein Kamel kommt aus dem Tritt: Nietzsche als Student (1864-1869)

Bonn

Zum Wintersemester 1864/65 immatrikulierte sich Nietzsche an der Universität Bonn, zunächst für Theologie, dann, ab dem zweiten Semester, ausschließlich für Philologie. Dass es ihn weiter zog, in die Philosophie hinein, offenbart die Frage an seine Schwester (vom Juni 1865), ob es nicht an der Zeit sei, »im Kampf mit Gewöhnung [...] neue Bahnen zu gehn« (B 2, S. 60). Dass neben das Zweigestirn Theologie/Philologie zunehmend und schließlich in dominanter Weise die Philosophie treten sollte, hatte schon ein Lehrer seiner alten Schule in einem von Nietzsche in Bonn vorgelegten Empfehlungsschreiben vorausgesehen (KGB I/4, S. 338). Zunächst freilich verlangte ihm die Philologie alle Aufmerksamkeit ab, in Bonn vertreten vor allem durch Friedrich Wilhelm Ritschl (1806-1876), dem Nietzsche zum Wintersemester 1865/66 nach Leipzig folgte. Im weiteren Fortgang konvertierte Nietzsche zum Ritschelianer, der seinen Förderer mit Vorliebe als »Vater Ritschl« titulierte und mit diesem »in ein näheres Verhältniß« kam. Dabei übersah Nietzsche keineswegs die dunkle Seite Ritschls, nämlich eine unbedingte »Überschätzung seines Fachs« und die entsprechende Abneigung, »daß Philologen sich näher mit der Philosophie einließen« (KGW I/4, S. 519 f.).

Glaubenszweifel

Leipzig

Friedrich Wilhelm Ritschl, Holzstich 1865

Grundlagen für seine Philologiekritik hatte Nietzsche noch in Leipzig gelegt, um als zeitgemäße Gegenposition festzuhalten: »Der Philologe liest noch Worte, wir Modernen nur noch Gedanken.« (BAW 5, S. 268) Getragen wurde dieser Einspruch von dem Bemühen, die philologische Textkritik den hermeneutischen Verfahren der Geisteswissenschaften einzuarbeiten und insoweit dem Gewerbe einer von Inhalt und Kontext weitgehend absehenden präzisen Textentzifferung zu entsagen. Die Philologie sei eine »Mißgeburt der

Philologie als »Mißgeburt der Göttin Philosophie«

Göttin Philosophie, erzeugt mit einem Idioten oder Cretin«, bekannte Nietzsche denn auch zumindest privat gegenüber seinem ihm von Pforta her vertrauten Freund Paul Deussen (1845-1919) im Oktober 1868, um Verwahrung einzulegen gegen jene senil gewordenen Wissenschaftler (wie Ritschl), die »abgezehrten Leibes, mit vertrockneten Adern, welkem Munde das Blut junger und blühender Naturen aufsuchen und vampyrartig aussaugen« (B 2, S. 329).

Als Nietzsche dies niederschrieb, hatte er längst schon einen anderen Heroen im Visier, nämlich Arthur Schopenhauer (1788-1860), der, seinerseits ohne Professur, für seinen Spott über Altphilologen und Universitätsphilosophen bekannt war. Nietzsche entlehnte ihm wesentliche Elemente seiner Philologiekritik (vgl. Niemeyer 1998, S. 106 ff.), aber auch den Geniekult unter der wissenschaftskritischen Maßgabe, die »Kärrner« hätten unter sich einen »Arbeitsvertrag« geschlossen und »das Genie als überflüssig decretirt« (A 1, S. 301).

Schopenhauer-Erlebnis

Als mysteriös gilt in der biographisch orientierten Nietzsche-Forschung das sogenannte Schopenhauer-Erlebnis vom Herbst 1865: Nietzsche, auch Ritschls wegen gerade frisch von Bonn nach Leipzig gewechselt, wählte später die Darstellung, er sei damals über Tage hinweg von einem Streben nach »verzweifelte[m] Aufschauen zur Heiligung und Umgestaltung des ganzen Menschenkerns« (KGW I/4, S. 513) erfasst worden, das – so könnte man Nietzsche verstehen – ihn offen werden ließ für Schopenhauers Skepsis in Sachen der Trivialität des Lebens. Dass es dabei möglicherweise um noch mehr ging, zeigt ein noch aus Bonn geschriebener Brief Nietzsches (vom August 1865) an seinen Freund Carl von Gersdorff (1844-1904), in dem er diesem darüber berichtet, dass er an einigen Festen teilgenommen habe, aber in den letzten Wochen wegen Krankheit im Bett liegen müsse. Denn die Krankheitssymptome, die Nietzsche beschreibt – Rheumatismus, »der aus den Armen in den Hals kroch, von da in die Backe und in die Zähne« (B 2, S. 76) –, galten zumindest dem Psychiater Wilhelm Lange-Eichbaum (1947, S. 16) als Anzeichen für den Beginn des sekundären Stadiums der Syphilis.

Wie auch immer: Wenn man die Schopenhauer-Skepsis Ritschls

in Betracht zieht, lässt sich die Spannung erahnen, in die Nietzsche in der Folge geriet. Die Sache wurde nicht besser durch den Umstand, dass Nietzsche auch dem Schopenhauer-Verehrer Richard Wagner (1813-1883) neues Interesse abgewann. Im Oktober 1866 hatte er sich noch skeptisch über den Klavierauszug der *Walküre* geäußert (B 2, S. 174). Gut zwei Jahre später allerdings, im Juli 1868, nach dem Besuch einer der neudeutschen Richtung verpflichteten Tonkünstlerversammlung, auf der auch ein Werk Wagners gegeben wurde, bahnte sich eine gänzliche Neubewertung des durch Wagner repräsentierten Kulturphänomens an. So bekundete Nietzsche in Absetzung von dem gegen Wagner gerichteten Dilettantismus-Vorwurf seines Bonner Philologielehrers Otto Jahn, dass er jedenfalls nicht genug staunen könne, »wie bedeutend jede einzelne Kunstanlage in diesem Menschen [Wagner; d. Verf.] ist« (B 2, S. 322). Mit Nietzsches Besuch einer Leipziger Aufführung der Ouvertüren zu den *Meistersingern* sowie zu *Tristan und Isolde* war Wagner der Weg in das Herz seines neuesten Verehrers gebahnt.

Richard und Cosima Wagner, 1872

»Ich bringe es nicht übers Herz, mich dieser Musik gegenüber kritisch kühl zu verhalten; jede Faser, jeder Nerv zuckt an mir, und ich habe lange nicht ein solches andauerndes Gefühl der Entrücktheit gehabt.« (Friedrich Nietzsche über Wagners Musik in einem Brief vom 27. Oktober 1868 an Erwin Rohde; B 2, S. 332)

Der erste Akt des nun anhebenden psychologiegeladenen Dramas ging im November 1868 in Leipzig über die Bühne. Wagner weilte damals bei seinen dortigen Verwandten – seine Schwester war mit dem Leipziger Orientalisten Hermann Brockhaus verheiratet –, und Nietzsche wurde auf Vermittlung Sophie Ritschls zu einer Abendgesellschaft im Hause Brockhaus gebeten. Über volle sieben Briefseiten berichtete Nietzsche seinem damals engsten Freund Erwin Rohde (1844-1898) davon und wartete dabei mit mancher an eine Operette gemahnender Kuriosität auf. Die Psychologie entfaltete bei alldem ihre eigene Wirksamkeit, zumal Nietzsche seiner Beziehung zu Wagner ein Vater / Sohn-Motiv unterlegte. In Wagner, so könnte man vielleicht auch in Erinnerung an einschlägige Passagen aus *Schopenhauer als Erzieher* formulieren, dürfte Nietzsche jener »stolze und republikanisch freie Charakter« begegnet sein, den Schopenhauer bei seinem Vater vorzufinden nach Nietzsches Auffassung das Glück hatte und dessen auch Nietzsche bedurfte, um jene »unbeugsame und rauhe Männlichkeit« (A 1, S. 408) auszuprägen, die er, seiner Meinung nach, als Philosoph benötigte. Zum ernsthaften Problem geriet dies erst, nachdem Nietzsche durch seinen Ruf nach Basel dem Idol auch räumlich nahe kam.

Ein Kamel sattelt um: Nietzsche als Professor (1869-1879)

Am 10. Januar 1869 erreichte Nietzsche die Nachricht, dass er mit einem Ruf nach Basel rechnen könne. Unmittelbar zuvor hatte er Rohde eigentlich vorschlagen wollen, »gemeinsam Chemie zu studieren und die Philologie dorthin zu werfen, wohin sie gehört, zum Urväther-hausrath« (B 2, S. 360). Dies freilich war nun Makulatur. Friedrich Wilhelm Ritschl hatte in einem geradezu hymnisch gehaltenen Empfehlungsschreiben an Nietzsches Stellenvorgänger gestanden, er habe in seiner fast vierzigjährigen Karriere niemanden kennengelernt, »der so früh und so jung schon so reif gewesen wäre« (KGB I 4, S. 542). Damit stand außer Frage, dass Nietzsche die Stelle in Basel bekommen würde, und zwar unabhängig davon, dass seine Promotion in Leipzig erst am 23. März 1869 ohne Dissertation und Prüfung, also kumulativ, erfolgte.

Nietzsche war zwar stolz auf dieses Angebot, aber nicht frei von der Sorge, damit »der species ›Fachmensch‹« näher gerückt zu sein und seine Wissenschaft nicht, wie geplant, mit dem »neuen Blute« Schopenhauers durchtränken zu können (B 2, S. 386). Allein schon das Nietzsche als »außerordentliche[m] Professor der classischen Philologie« an der Universität und als »Lehrer der griechischen Sprache in der obersten Classe des Paedagogiums« (KGB I 4, S. 21) auferlegte Lehrdeputat von 12 bis 14

(Semester-)Wochenstunden war in dieser Frage als gravierendes Hemmnis in Betracht zu ziehen. Dass Nietzsche an dieser beruflichen »Fessel« mitunter ungeduldig zerrte, wusste denn auch bald schon seine Mutter, die er sicherheitshalber im nämlichen Brief mit dem Hinweis zu beruhigen suchte, dass er durch seine Antrittsrede (vom 28. Mai 1869) seine Stellung in Basel »gesichert« habe (B 3, S. 14).

Antrittsrede in Basel

Indes war dies wohl ein mittelschwerer Euphemismus eingedenk des Umstandes, dass Nietzsche in der Wagners Lebensgefährtin Cosima gewidmeten und ihr Weihnachten 1869 unter dem Titel *Homer und die klassische Philologie* überreichten Druckfassung dieser Rede den »Beistand der Künstler« (KGW II/1, S. 251) für eine Philologieauslegung gefordert hatte, als deren Programmsatz zu gelten hat, »dass alle und jede philologische Thätigkeit umschlossen und eingehegt sein soll von einer philosophischen Weltanschauung, in der alles Einzelne und Vereinzelte als etwas Verwerfliches verdampft und nur das Ganze und Einheitliche bestehen bleibt« (ebd., S. 268). Diese Konzeption wies nicht in Richtung Ritschls, sondern in jene Richard Wagners, und sie forcierte sowohl Nietzsches Philologieüberwindung wie auch die Unzufriedenheit der Baseler mit ihm (von der anfangs nicht die Rede sein konnte).

»Auch hier imponierte sofort die Verbindung ausgesuchter Höflichkeit und Vornehmheit der Haltung und des Benehmens mit der gewinnendsten und natürlichsten Liebenswürdigkeit [...]. Hier auch gab es noch besser Gelegenheit, sich die ungemein fesselnden Gesichtszüge einzuprägen [...], das runde volle Kinn, die bräunliche gesunde Hautfarbe [...], und vor Allem die herrlichen großen, hellen, ausdruckvollen [...] Augen [...], ferner auch den besondern Klang seiner Stimme, die reiche Modulation seiner Rede, die oft frappante, sentenzartige Knappheit und Schlagfertigkeit seiner Ausdrucksweise und zumal auch den eigenthümlich sympathischen Ton seines Lachens.« (Louis Kelterborn über ein Privatissimum bei Friedrich Nietzsche im Juni 1870; KGB II 7/1, S. 583)

Im August 1870 meldete sich Nietzsche als Freiwilliger – wegen seiner Schweizer Professur nur als Krankenpfleger – für den

Sanitäter im Deutsch-Französischen Krieg

Deutsch-Französischen Krieg, um von dort schon nach wenigen Wochen, an Ruhr erkrankt, nach Naumburg in häusliche Pflege zu gelangen. Nach einiger Zeit halbwegs genesen, kehrte er nach Basel zurück, um das Wintersemester mit großem Enthusiasmus zu beginnen. Gleichwohl überkam ihn schon bald ein erneuter Überdruss am »übermäßigen Schulmeistern« (B 3, S. 178), der, im Verein mit der Sorge um das Schicksal der Kämpfer für die »kommende Culturperiode« (B 3, S. 156), zu der zusammen mit Rohde entfalteten Idee beitrug, einen »Bruch mit der bisherigen Philologie und ihrer Bildungsperspektive« (B 3, S. 165) herbeizuführen.

Philologe wider Willen

Die Gelegenheit dazu schien günstig, da zur selben Zeit ein philosophischer Lehrstuhl vakant wurde, auf den sich Nietzsche bewarb. Das Bewerbungsschreiben enthielt die Botschaft, dass sich die Baseler einen Philologen wider Willen eingekauft hatten, den sie im wohlverstandenen Eigeninteresse besser gleich in die Philosophie entließen. So gesehen verwundert es nicht, dass das Vorhaben des gerade erst 26-jährigen Philologieprofessors kläglich scheiterte.

Franz Overbeck

Einen gewissen Trost bot in dieser Zeit die Freundschaft mit dem Theologen Franz Overbeck (1833-1906), der 1870 nach Basel berufen worden war und bis zu seiner Heirat 1876 im gleichen Haus wie Nietzsche lebte. Die beiden pflegten eine veritable »Waffengenossenschaft« (Sommer 1997). Diesen Begriff kann man durchaus auch auf Nietzsches Beziehung zu Wagner ausdehnen. Dabei ist zu berücksichtigen, dass auch Wagners Mäzen Ludwig II. (1845-1886), der Wagner nur wenige Jahre vor Nietzsche als gottähnlich zu verehren begonnen hatte, deutlich auf Vatersuche gewesen war, als er unmittelbar nach dem Tode seines ihn missachtenden Vaters kein wichtigeres Anliegen kannte, als des von ihm schon seit seinem dreizehnten Lebensjahr geschätzten Schriftstellers und Komponisten habhaft zu werden, um diesen auf jede erdenkliche Art zu unterstüt-

»›Keiner ging, doch Einer kam‹.« (Ludwig II. in einem Brief von Ende 1864 an Richard Wagner über den Tod seines Vaters; LWB 1, S. 44)

zen. Voraussetzungen zur Ausprägung eines Rettungsmotivs auf Seiten Ludwigs II. sowie zur Herausbildung eines Erlösungsmotivs auf Seiten Wagners waren also gegeben, und sie trugen in der Folge zu einer Beziehungskonstellation bei, die vor allem Ludwig II. schadete. Wagner verstand es sehr geschickt, die Abhängigkeit Ludwigs II. sowohl pekuniär als auch (kultur-)politisch auszunutzen. Dabei ging es ihm um nicht weniger als eine politische Neuordnung Bayerns, die der »Neugeburt des deutschen Geistes« (LWB IV, S. 9) förderlich war. Zu den psychologischen Tricks dieser Strategie gehörte es, sich Ludwig II. gegenüber als dessen »erziehender Vater«, schließlich gar als Wotan und mithin »als allwissender, göttlicher Berater zu präsentieren« (Naegele 1995, S. 90) und sich so einen politisch folgenreichen Einfluss auf den Monarchen zu sichern. So suggerierte Wagner Ludwig II. Ende November 1865, dass es gelte, zwei wichtige Figuren im Umfeld des Königs, die zwischen beiden unter der Chiffre der negativen *Nibelungen*-Helden Mime und Fafner abgehandelt wurden, zu entlassen. Ludwig II., sich zunehmend wohlfühlend in der Wahnwelt der Wagner'schen Musikdramen, in die ihn sein ›vielgeliebter Freund‹ immer tiefer hineinführte, reagierte wie erhofft: »Siegesgewißheit und Freude spricht aus Ihrem Brief; jubelnd und muthentbrannt will ich dem tückischen Mime und Fafner entgegeneilen, unter Jauchzen will ich sie besiegen.« (LWB I, S. 228) So weit kam es zwar nicht mehr, Wagner musste München Ende 1865 aufgrund des Bekanntwerdens von derlei Aktivitäten verlassen. Der Befund ist dennoch eindeutig: Wagner nutzte Ludwigs II. Vaterübertragung skrupellos für seine politischen Absichten aus, und nichts gibt Anlass zu der Vermutung, dass er dies nicht auch im Fall Nietzsche unter anderen Vorzeichen zu wiederholen beabsichtigte.

Besuche in Tribschen

Zunächst freilich ging alles noch seinen freundlichen Gang, als beide sich ein halbes Jahr nach ihrer ersten Begegnung in Leipzig (im November 1868) wiedersahen. Wagner bewohnte

Wagners Landhaus in Tribschen am Vierwaldstätter See

damals auf des Königs Kosten das herrschaftliche, am Vierwaldstätter See gelegene Landhaus Tribschen, zusammen mit der hochschwangeren, in Scheidung lebenden Liszt-Tocher Cosima von Bülow (1837-1930), die bereits zwei Kinder mit Wagner hatte und die er im August 1870 heiratete. Bis zu diesem Zeitpunkt waren dies delikate und für einen Pastorensohn wie Nietzsche durchaus anstößige Verhältnisse. Der Sache nach freilich war Nietzsche, dessen Professorengehalt in Basel noch nicht einmal zur Zahlung der Miete in Tribschen ausgereicht hätte, deutlich beeindruckt: »Das ganze Leben Wagner's ist durchaus patriarchalisch: die geistvolle und edle Frau von Bülow paßt durchaus hinein in diese ganze Athmosphäre« (B 3, S. 38), ließ er seinen alten Schulfreund und Wagnerianer Gustav Krug im August 1869 wissen.

Anstößige Verhältnisse

»Wieder habe ich einmal die letzten Tage bei meinem verehrten Freunde Richard Wagner verlebt, der mir in liebenswürdiger Weise das unumschränkte Recht häufiger Besuche ertheilt hat und mir böse ist, wenn ich einmal vier Wochen pausirt habe, von diesem Rechte Gebrauch zu machen.« (Friedrich Nietzsche in einem Brief vom 4. August 1869 an Gustav Krug; B 3, S. 37)

Für Nietzsche, der gerade erst seiner Leipziger Studentenbude entwachsen war, kam es einer Bilderbuchkarriere gleich, dass er sich schon nach kurzer Zeit in Tribschen mit einem eigenen Zimmer ausgestattet sah. Selbst zu Weihnachten wurde der junge Professor mit einer Selbstverständlichkeit erwartet, als gehöre er bereits zur Familie. Weihnachten 1872 bedankte er sich mit seinen Cosima Wagner zu deren 35. Geburtstag gewidmeten *Fünf Vorreden zu fünf ungeschriebenen Büchern*, indem er die Kultur zu einem durch Sklavenarbeit ins Werk gesetzten »bluttriefenden Sieger« erklärte – eine Formulierung, die nur dann unanstößig ist, wenn man sie als analytischen Satz auf die Antike bezieht. Nietzsche indes begehrte nach zeitdiagnostischer Nutzanwendung – und leitete ab, dass hier »der Quell jenes Ingrimms [liegt], den die Kommunisten und Socialisten [...] jeder Zeit gegen die Künste, aber auch gegen das klassische Altertum genährt haben« (A 1, S. 767 f.). An Cosima adressiert, war dies eine Botschaft nicht ohne Hintersinn. Denn die Mittel für das feudale Leben in Tribschen hatte zwar der König aufgebracht, aber die Masse erwirtschaftet. Dieses Problem, das nach geistiger Adelung rief, war wie geschaffen für den im Gegensatz zu Wagner vom Geist der Revolution von 1848 gänzlich verschont gebliebenen Nietzsche. »Wir vernichten die Brüderlichkeit [...], insofern wir uns auf *Kosten* Andrer zu leben berufen fühlen« (A 7, S. 138), hatte er sich schon 1870/71 notiert. Aber dies war nicht etwa Indiz für das erste Stadium der Selbst- und vor allem Wagner-Kritik; es war vielmehr das nüchterne Protokoll einer grausamen Wahrheit, die vor allem eines nicht in Frage stellte: dass man berufen sein müsse, um so leben zu dürfen.

Jahre später, in *Ecce homo*, erkannte Nietzsche, dass sein via Wagner scheinbar erfüllbares »Bedürfnis nach einer *Betäubung* des Öde- und Hungergefühls durch eine narkotische Kunst« ohne seine »instinktwidrig gewählte Thätigkeit« (als Philologieprofessor in Basel) erst gar nicht bestanden hätte, folgernd: »Eine Widernatur *erzwingt* förmlich eine zweite.« (A 6, S. 325) Diese Verzögerung im kritischen Zugriff mag erklären, warum Nietzsche Wagners Antisemitismus sowie dessen ›Philosophie‹ zunächst kaum als anstößig empfand. Entsprechend offen zeigte er sich, als sein von ihm im Wagner-Kreis eingeführter Freund von Gersdorff den Wunsch des ›Meisters‹ übermittelte, er möge von seiner »Stellung als Fachmann, als Professor der Philologie

Wagners Antisemitismus

aus, den Kampf gegen das Erziehungswesen« (KGB II 4, S. 9) beginnen. Nietzsche saß damals gerade an einem nicht mehr fertig gestellten sechsten (und siebten) seiner Vorträge *Über die Zukunft unserer Bildungsanstalten*, dessen ersten er am 16. Januar 1872 in Basel gehalten hatte und deren Absicht dahin ging, den Lehrern den Sinn der Kulturbedeutung der »Musikbewegung« Wagners »ans Herz« (B 3, S. 300) zu legen. Im Februar 1873 allerdings rang sich Nietzsche zu einem endgültigen Publikationsverzicht durch – wohl, weil er im Zuge des Nachdenkens über den Veröffentlichungswert der Bildungsvorträge sein Verhältnis zu Wagner neu zu bewerten begann.

Neubewertung Wagners

Dabei mag auch die Enttäuschung mitgewirkt haben, welche die Publikation seines Anfang 1872 erschienenen Erstlings *Die Geburt der Tragödie aus dem Geiste der Musik* im Gefolge hatte. Eigentlich hatte Nietzsche vorgehabt, sich nach der fehlgeschlagenen Bewerbung vom Januar 1871 mit dieser Arbeit zu rehabilitieren und erstmals auch als Philosoph Anerkennung zu finden. Dies ging gründlich schief: Die ›Tragödienschrift‹ blieb von den Philosophen unbeachtet. Und von den Philologen wurde sie, ungeachtet von Verteidigungsschriften, die sich eher Freundschaft (Rohde) resp. Kalkül (Wagner) verdankten, als Werk eines Zunftgenossen gelesen, der sich in seinen Ambitionen verstiegen habe. Nietzsche konnte im Juli 1872 nur resigniert feststellen: »[V]on der Zunft bin ich, wie es scheint, zum Tode verurtheilt.« (B 4, S. 19) Wie zutreffend dies war, wurde im folgenden Wintersemester deutlich, als die Studenten ausblieben. Ihnen sei, wie Nietzsche in einem Fall ganz sicher erfahren haben wollte und im November 1872 gegenüber Rohde kundtat, geraten worden, an keiner Universität Philologie zu studieren, wo er als akademischer Lehrer tätig sei (B 4, S. 85).

***Die Geburt der Tragödie aus dem Geiste der Musik*, vgl. S. 54 ff.**

Von der Zunft zum Tode verurteilt

In der Folge sah sich Wagner gehäuft Klagen Nietzsches ausgesetzt derart, dass er seine »jetzige Existenz« als Vorwurf empfände und ihn aufrichtig anfrage, »ob Sie mich brauchen können« (B 3, S. 276). Für sich fasste Nietzsche gar den Plan, »im deutschen Vaterland« herumzuziehen, um auf Einladung der Wagnervereine »Vorträge über die Nibelungen-Bühnenfestspiele« zu halten und anschließend »2 Jahre nach dem Süden zu gehen« (B 3, S. 304) – bei gleichzeitiger Weitergabe seiner

Professur an Rohde und in der Hoffnung, ihm selbst würde zumindest der Titel belassen. Wagner allerdings konnte sich für derlei nicht erwärmen, war doch ein amtierender Philologieprofessor ein weit besserer Zeuge für die Triftigkeit des von ihm Beabsichtigten als ein von der Universität beurlaubter Wagnerianer.

Wie sehr es in Nietzsche angesichts von solchen Unwägbarkeiten und vielfältigen, sich teils widersprechenden Rückmeldungen brodelte, zeigt ein 1873 entstandenes, unveröffentlicht gebliebenes Schriftstück mit dem Titel *Über Wahrheit und Lüge im aussermoralischen Sinne*. In diesem Text kommt Nietzsche zu dem Schluss, dass der Intellekt als »ein Mittel zur Erhaltung des Individuums [...] seine Hauptkräfte in der Verstellung entfaltet«, und er nennt im Einzelnen »die Täuschung, das Schmeicheln, Lügen und Trügen, das Hinter-dem-Rücken-Reden, das Repräsentiren, das im erborgten Glanze Leben, das Maskirtsein, die verhüllende Convention, das Bühnenspiel vor Anderen und vor sich selbst«, um es am Ende für letztlich unbegreiflich zu erklären, dass »unter den Menschen ein ehrlicher und reiner Trieb zur Wahrheit aufkommen konnte« (A 1, S. 876). Dieser Satz schrie geradezu nach Anwendung auf Wagner und sein Bayreuther Publikum.

Für Kritik oder gar Selbstkritik fand Nietzsche allerdings vorerst nicht die Kraft. Dies zeigt vor allem der im August 1873 vorgelegte erste von insgesamt vier Texten mit der Gattungsbezeichnung *Unzeitgemässe Betrachtungen*, *David Strauss der Bekenner und der Schriftsteller*. Wagner hatte diese Abhandlung heftig ersehnt, Nietzsche hatte sie nur widerwillig verfasst, das Ergebnis sah entsprechend aus – und traf, als Gabe auf dem Altar Wagners, zumeist auf negative Resonanz, wie auch der Tadel Ritschls belegt: Von ihm musste sich Nietzsche Silvester 1873 »in einer halben Stunde ein schnell gesprochnes Wort-Feuer« (B 4, S. 187) anhören, dessen Botschaft eindeutig war: Nietzsche war, in Ritschls Sicht, nun nicht viel mehr als ein unzeitgemäßer Wirrkopf. Zum Trost gereichte dem derart Gescholtenen die Erinnerung an seine soeben abgeschlossene Abhandlung *Vom Nutzen und Nachtheil der Historie für das Leben* (= *Unzeitgemässe Betrachtung II*), wo er »ein Lied« gesun-

Unzeitgemässe Betrachtungen

Tadel von Ritschl

gen habe, »das dieser Art von knicklich-kricklichen Greueln recht elend wehe thun wird« (B 4, S. 189). Nietzsche hatte sich nicht verkalkuliert: Ritschl, der sich von seinem ehemaligen Musterschüler als ›Greis‹ und ›Begriffsungeheuer‹ verspottet sah, vermochte mit Nietzsche nichts mehr anzufangen. Dieser war in seiner Stellung als Baseler Altphilologe nun zunehmend gefährdet und durfte allein noch auf Zuspruch aus Bayreuth hoffen.

Ritschl als ›Begriffsungeheuer‹

Und dieser blieb nicht aus. So schrieb Wagner Nietzsche im September 1873 im Rückblick auf die nun fast zwei Jahre alte *Geburt der Tragödie*: »Ich habe wieder darin gelesen und schwöre Ihnen zu Gott zu, dass ich Sie für den Einzigen halte, der weiss, was ich will!« (KGB II 4, S. 295) Wagner hatte Nietzsches Aufmerksamkeit hiermit etwas von den Tagesscharmützeln weg auf das wirklich überdauernde Werk lenken wollen. Dahinter verbarg sich das allgemeine Signal, dass nun vielleicht doch der Punkt gekommen sei, an dem der endgültige Bruch mit der Philologie unabwendbar werde und eine Einfügung Nietzsches in die sich formierende Bayreuther Szenerie geboten sei. Nietzsche allerdings heftete seine Pläne einer Existenz außerhalb der Universität immer weniger an Wagner. Zwar feierte er ihn noch im Mai 1874 als seinen »Vater«, dessen Geburtstag er auch zur Feier seiner (geistigen) Geburt begehe und der sich nicht beunruhigen dürfe, wenn er es eines Tages an der Universität »nicht mehr aushielte« (B 4, S. 228). Konkret wuchs in ihm zu dieser Zeit aber eher die Idee des Lebens auf einem »Landgut« (B 4, S. 197) und einer – eventuell in Rothenburg o. d. T. zu realisierenden – »Singulärexistenz« (B 4, S. 226). Derlei Ausblicke verrieten eine allmähliche Distanz gegenüber Wagner, die sich letztlich auch in der im Juli 1876 erschienenen ›Festspielschrift‹ *Richard Wagner in Bayreuth* (= *Unzeitgemässe Betrachtung IV*) dokumentiert. Denn genau besehen ist sie exakt das, was Nietzsche aus dem Rückblick des Jahres 1886 von ihr sagen wird: »eine Huldigung und Dankbarkeit gegen ein Stück Vergangenheit von mir«, also »eine Loslösung, ein Abschiednehmen« (A 2, S. 370).

Der Einzige, der weiß, was Wagner will

Distanz zu Wagner

Förderlich für diesen Paradigmenwechsel war auch Nietzsches Festspielerlebnis: Von Kopfschmerzen geplagt und mit Grauen vor den »langen Kunst-Abende[n]« (B 5, S. 180), reiste er enttäuscht wieder ab, um als zentrale Lektion die – ihm erst aus der Perspektive des Jahres 1886 zugängliche – Botschaft mitzunehmen: »Krankheit ist jedes Mal die Antwort, wenn wir an unsrem Rechte auf *unsre* Aufgabe zweifeln wollen.« (A 2, S. 373) Nietzsche nahm sich nun also endlich jenes Recht – und konzipierte auf seiner ›Bayreuthflucht‹ und einem dreiwöchigen Aufenthalt im Bayerischen Wald erste Aphorismen für sein im Januar 1878 abgeschlossenes Buch *Menschliches, Allzumenschliches*. Weitere Ausarbeitungsschritte erfolgten im anschließenden Winter in Sorrent auf Einladung Malwida von Meysenbugs. Es war diese Einladung, die Nietzsche auf die Idee brachte, einen längeren (Forschungs-)Urlaub zu beantragen, der im Oktober 1876 genehmigt wurde. Damit waren die Würfel gefallen: Nietzsche begann jene Lebensform zu realisieren, die er erstmals im April 1872 und spätestens seit 1874 immer wieder ersehnt hatte und die ihn Bayreuth nun auch räumlich ferner rücken ließ.

Menschliches, Allzumenschliches, vgl. S. 63 ff.

Forschungsurlaub

Geknüpft worden war die Urlaubsgenehmigung an die Hoffnung, der angeschlagene Professor könne auf diese Weise seine Gesundheit wiederherstellen, über deren Zustand er erstmals im März 1873 gegenüber seiner Mutter geklagt hatte (B 4, S. 133). Wochen später weihte er auch Wagner ein, dem er berichtete, dass er »sehr an plötzlicher und schmerzhafter Augenschwäche leide« (B 4, S. 154). Diese Sorge war fortan auch eine im Hause Wagner, nur dass sie von hier aus in gelegentlich zweideutige Richtungen gelenkt wurde. Hierzu gehören Wagners im April 1874 geäußerte Bedenken gegenüber dem überwiegend »männlichen Umgang, wie Sie ihn in Basel für die Abendstunden haben«, kulminierend in dem Stoßseufzer: »Warum muss nur Gersdorf gerade eine Mannsperson sein!« (KGB II 4, S. 655) Nietzsche war für diesen Unterton zunächst nicht sonderlich empfänglich und spottete gegenüber seinem Freund Carl von Gersdorff, im Ton noch moderat, über die in Bayreuth versammelte »Heiraths-Überlegungs-Commission« (B 4, S. 231). Nietzsches Ehelosigkeit blieb auch in den Folgemonaten Thema und führte zu teilweise tragikomischen Versuchen Nietzsches, sich einer Braut zu vergewissern, die nicht zu alt und unansehnlich

Angeschlagene Gesundheit

Bayreuther ›Heiraths-Überlegungs-Commission‹

war sowie – dies vor allem – wohlhabend genug, ihm eine außeruniversitäre Existenz zu sichern. Auch der Nebenakzent, den Wagner dem Thema verliehen hatte, blieb erhalten.

An Dramatik gewann dieses Vorspiel erst, als auch Nietzsches Urlaubsjahr in Sorrent keine dauerhafte Besserung gebracht hatte und Wagner Nietzsches Frankfurter Arzt, einen überzeugten Wagnerianer namens Otto Eiser (1834-1897), im Oktober 1877 mit seiner Vermutung konfrontierte, Nietzsches Ehelosigkeit sei Folge der Onanie. Dass sich hinter diesem Hinweis die Befürchtung verbarg, Nietzsche könne homosexuell sein, lässt sich einem zeitgleichen Brief Cosimas an Malwida von Meysenbug entnehmen (vgl. Köhler 1989, S. 176 f.). Eiser jedenfalls ließ sich dazu verleiten, Wagner seinen Befund anzuvertrauen – und gab Nietzsche offenbar auch Kenntnis von Wagners Brief, wie Aph. 68 von *Vermischte Meinungen und Sprüche* (1879)

> »Das Mitleiden hat eine eigene Unverschämtheit als Gefährtin: denn weil es durchaus helfen möchte, ist es weder über die Mittel der Heilung, noch über Art und Ursache der Krankheit in Verlegenheit und quacksalbert muthig auf die Gesundheit und den Ruf seines Patienten los.« (Friedrich Nietzsche, *Vermischte Meinungen und Sprüche*; A 2, S. 406)

vermuten lässt. Nietzsche verbuchte diese Erfahrung nach Wagners Tod als »tödliche Beleidigung« (vgl. Niemeyer 1998, S. 211 ff.).

»Die verfluchte Antisemiterei«

Die tiefgreifende Entfremdung zwischen beiden findet allerdings weniger hierin ihren eigentlichen Grund denn in der Bemerkung Nietzsches: »Die verfluchte Antisemiterei [...] hat R[ichard] W[agner] und mich verfeindet.« (Nietzsche in einem Brief an Overbeck vom 2. April 1884; B 6, S. 493) Denn es ist zwar nicht zu leugnen, dass der frühe Nietzsche an Wagners Antisemitismus keinen Anstoß nahm. Andererseits aber fällt auf, dass Nietzsche ausgerechnet in der Zeit seiner Ablösung von Wagner Erfahrungen machte, die ihm in intellektueller Hinsicht »eine sehr grosse Erwartung« eingaben gerade bezogen auf »Jünglinge« jüdischer »Herkunft« (B 5, S. 274).

Nietzsche dachte dabei vor allem an Paul Rée (1849-1901), Autor einer an den französischen Moralisten geschulten Aphorismensammlung mit dem Titel *Psychologische Betrachtungen* (1875). Nietzsche war Rée, der seit 1874 in Basel studierte, im März 1876 nähergekommen, um in der Folge u. a. mit ihm jenen Winter in Sorrent zu verbringen, vertieft in gemeinsame Arbeit und gleichsam die »Flitterwochen« (Rée) ihrer Freundschaft (KGB II 6 / 2, S. 717) krönend. Wie nachhaltig der Paradigmenwechsel war, der nun Platz griff, zeigt Nietzsches auf das Jahr 1876 zu datierende rückblickende Bemerkung aus *Ecce homo*: »[D]ie *Realitäten* fehlten geradezu innerhalb meines Wissens und die ›Idealitäten‹ taugten den Teufel was! – Ein geradezu brennender Durst ergriff mich: von da an habe ich in der That nichts mehr getrieben als Physiologie, Medizin und Naturwissenschaften.« (A 6, S. 325) Wagner wurde zufällig Zeuge der in diese Pointe – von Nietzsche ironisch auch »Réealismus« (B 5, S. 346) genannt – auslaufenden Freundschaft, als er mit Cosima im Oktober / November 1876 in Sorrent Station machte. Fortan und zumal nach Erscheinen von *Menschliches, Allzumenschliches*, das Nietzsche mit dem Vermerk versah, er wolle im Vorfeld von Voltaires 100. Todestag (am 30. Mai 1878) einem der »grössten Befreier des Geistes« (A 2, S. 10) eine persönliche Huldigung darbringen, galt Nietzsche in Bayreuther Lesart als Opfer des Juden Rée und dessen Begeisterung für die französische Aufklärung.

Nietzsches »Réealismus«

Wie sehr Nietzsche Wagner provozierte, zeigt Aph. 122 dieses Werkes. Nicht außer Acht lassen sollte man auch den Umstand, dass Nietzsche sich als seinen neuen Heros ausgerechnet Vol-

> »Ohne die blinden Schüler ist noch nie der Einfluss eines Mannes und seines Werkes gross geworden.« (Friedrich Nietzsche, *Menschliches, Allzumenschliches*; A 2, S. 121)

taire auswählte. Wichtig sind hier Wagners *Tagebuchaufzeichnungen* vom September 1865 und die hier dargebotene These, wonach die nach wie vor überfällige, im 18. Jahrhundert anhebende »Neugeburt des deutschen Geistes« damals durch den Umstand konterkariert worden sei, dass »Friedrich mit Voltaire französisch philosophirte« (LWB IV, S. 9). Dies lässt sich kaum anders lesen als dahingehend, dass Wagner seinerzeit für sich am bayerischen Hof unter dem Schutz Ludwigs II. im

Voltaire, um 1750

Interesse einer gedeihlichen Sicherstellung wahrhaften Deutschtums jenen Platz beanspruchte, den der Franzose Voltaire vorübergehend als Konversationspartner Friedrichs II. (1712-1786) in Sanssouci innegehabt hatte – mit, wie Wagner fand, hemmenden Folgen für die Regeneration des deutschen Geistes (vgl. Naegele 1995, S. 139 f.).

Trotz allem hoffte Nietzsche auf fast irrationale Weise, die Wagners würden auf die im April 1878 erfolgende Übersendung von *Menschliches, Allzumenschliches* mit Toleranz reagieren. Möglicherweise aber war diese Hoffnung Nietzsches nur Gebärde, Selbstschutz, Symptom für Ungeschehenmachenwollen und Zurückschrecken vor der eigenen Radikalität. Dafür spricht auch Nietzsches anfängliche Überlegung, das Buch unter einem Pseudonym erscheinen zu lassen. In ähnliche Richtung weist seine ersatzweise vorgenommene Anonymisierung des Namens Wagner im Manuskript.

Bezeichnend ist auch ein Briefentwurf an Richard und Cosima Wagner von Anfang 1878 mit der treuherzigen Bemerkung: »Dies Buch ist von mir: ich habe meine innerste Empfind[ung] über Menschen und Dinge darin ans Licht gebracht.« (B 5, S. 298) Denn bei genauerer Betrachtung handelt es sich bei jenen »innersten Empfindungen über Menschen« nicht nur um bisher unausgesprochene Gedanken Nietzsches mit Blick auf Richard, sondern auch mit Blick auf Cosima. So musste es sie fraglos kränken, aus Nietzsches Buch das angesichts ihrer beachtlichen Körpergröße wenig geschmackvolle Bild entnehmen zu müssen, wonach sie sich aus purem Geltungsdrang ihrem egoistischen und schwierigen Mann immer wieder als »Blitz-, Sturm- und Regenableiter« (A 2, S. 281) zur Verfügung stelle. Und dass Nietzsche, wie er in jenem Briefentwurf gleichfalls meinte, in seinem neuen Buch die Peripherie seines ›eigenen Denkens‹ nun zum ersten Mal umlaufen habe, meinte zugleich, dass Wagner ihn bisher immer für ›fremdes Denken‹ instrumentalisiert hatte. Damit war das Wagner-Kapitel in Nietzsches Biographie der Hauptsache nach abgeschlossen.

Cosima als ›Blitzableiter‹

Ähnlich verhielt es sich mit der Professorenkarriere. Im November 1877 wurde Nietzsche wegen drohender Erblindung auch für das Wintersemester 1877/78 von seiner Lehrtätigkeit am Pädagogium entbunden, eine Befreiung, die im März 1878 auf Dauer ausgesprochen wurde. Als sich Nietzsches Gesundheitszustand im Verlauf des Jahres 1878 weiter verschlechterte, war das Ende seiner beruflichen Laufbahn unausweichlich. Die Jahresbilanz insgesamt war eine überaus bedrückende: im Dezember 1877 Bruch der Freundschaft (bis Dezember 1881) mit von Gersdorff; im März 1878 Konkurs des ersten Verlegers (Fritzsch); im April 1878 Wegzug von Köselitz nach Venedig; im Mai 1878 Tod des Sorrentiner Miturlaubers Albert Brenner; im Juni 1878 Rückkehr von Nietzsches Schwester nach Naumburg und Auflösung des mit ihr seit September 1877 in Basel geführten Hausstandes mit der Folge, dass Nietzsche fortan unter äußerst bescheidenen Umständen ein stadtfern gelegenes kleines möbliertes Zimmer bewohnte, wo er infolge der zwischenzeitlichen Verheiratung fast all seiner Jugend- und Studienfreunde weit weniger Besuch als früher erhielt.

Drohende Erblindung

Zwar ging Silvester 1878 noch ein neues Druckmanuskript an den Verlag, das unter dem Titel *Vermischte Meinungen und Sprüche* 1879 separat erschien und 1886 zusammen mit der 1880 herausgebrachten Fortsetzung *Der Wanderer und sein Schatten* zu *Menschliches, Allzumenschliches II* vereinigt wurde. Aber der Text selbst war sowohl inhaltlich als auch wegen der hier ebenfalls bevorzugten aphoristischen Form kaum geeignet, Nietzsche einen nennenswerten Erfolg zu sichern. So kam es, wie es kommen musste: Am 2. Mai 1879 bat Nietzsche darum, aus dem Universitätsdienst entlassen zu werden. Sein Gesuch wurde Mitte Juni bei einem Ruhegehalt von zwei Drittel der zuletzt erzielten Einnahmen bewilligt. Damit hatte Nietzsches Leben als Professor, aber auch sein Leben an einem Ort und mit einer eigenen Unterkunft, ein Ende.

Vgl. S. 65 ff.

Entlassung aus dem Universitätsdienst

Der Löwe bricht aus und wird zum Kind: Nietzsche als Wanderer (1879-1889)

Die Jahre der »Dachstuben-Einsamkeit« (B 6, S. 49) und des Aufschreibens des zuvor auf langen Wanderungen Erdachten begannen mit der Haushaltsauflösung in Basel und ersten Versuchen, bei Davos ein seiner Gesundheit förderliches Sommerdomizil zu finden. Das Ergebnis freilich blieb zwiespältig; als

> »Meine Existenz ist eine *fürchterliche Last* [...]: Beständiger Schmerz, mehrere Stunden des Tages ein der Seekrankheit verwandtes Gefühl einer Halb-Lähmung, wo mir das Reden schwer wird, zur Abwechslung wüthende Anfälle (der letzte nöthigte mich 3 Tage und Nächte lang zu erbrechen, ich dürstete nach dem Tode). Nicht lesen können! Sehr selten schreiben! Nicht verkehren mit Menschen! Keine Musik hören können! Allein sein und spazieren gehen, Bergluft, Milch- und Eier-Diät.« (Friedrich Nietzsche in einem Brief von Anfang Januar 1880 an Otto Eiser; B 6, S. 3)

Gesundheitlicher Niedergang

Konstante erweist sich, dass Nietzsche seine Winter bevorzugt in Italien und seine Sommer im Engadin, ab 1881 (außer 1882) in Sils-Maria zubringen wird. Als Paul Deussen ihn dort besucht, ist er erschüttert angesichts des gesundheitlichen Niedergangs des Freundes, den er allerdings auch seit 14 Jahren nicht mehr

> »Das war nicht mehr die stolze Haltung, der elastische Gang, die fließende Rede von ehedem. Nur mühsam und etwas nach der Seite hängend, schien er sich zu schleppen, und seine Rede wurde öfter schwerfällig und stockend.« (Paul Deussen, *Erinnerungen an Friedrich Nietzsche*, S. 92)

gesehen hat. Eine krankheitsbedingte Tragik macht sich teilweise auch im Werk bemerkbar, etwa in Gestalt des Vorschlags, dass man die Erde in einen »Garten des Glücks« verzaubern könnte, »[w]enn man den Unzufriedenen, Schwarzgalligen und Murrköpfen die Fortpflanzung verwehrte« (A 2, S. 496). Äußerungen wie diese reflektieren auch eine geradezu desaströse Erfolglosigkeit des Autors, beginnend mit *Menschliches, Allzumenschliches*: Statt der erwarteten 1000 wurden (Stand Juni 1879) nur 120 Exemplare verkauft. Den Tiefpunkt erreicht der

Nietzsche-Museum und -Bibliothek in Sils-Maria

Autor im April 1886: Nietzsche findet keinen Verleger für *Jenseits von Gut und Böse* und zieht die Konsequenz, dieses Werk sowie alle folgenden auf eigene Kosten drucken zu lassen – eine Demütigung, für die er sich schadlos hält mittels der Vorstellung, er sei Avantgarde und der Gattung der »posthumen Menschen« zugehörig, die zwar zunächst »schlechter verstanden«, aber im Endeffekt »besser gehört« würden »als die zeitgemäßen« (A 12, S. 375).

Jenseits von Gut und Böse, vgl. S. 77 ff.

Bemerkenswert ist bei alldem der ungebrochene Enthusiasmus, mit dem Nietzsche sein jeweils neuestes Werk ankündigt. So ist er beim Erscheinen von *Morgenröthe* der Überzeugung, dieses Buch werde seinen Namen unsterblich machen, es sei »das, was man ›einen entscheidenden Schritt‹ nennt« (B 6, S. 66). Die Enttäuschung ist vorprogrammiert: Nietzsche bleibt nur ein »gewisses trübes Erstaunen« angesichts der zwar »achtbaren« und »wohlwollenden«, aber letztlich nichtssagenden Reaktionen auf dieses Buch. Nietzsche weiß nun, dass er seine Kraft nur aus sich selbst nehmen kann und nicht warten darf auf »Zurufe Ermuthigungen Tröstungen von außen« (B 6, S. 112).

Ungebrochener Enthusiasmus

Morgenröthe, vgl. S. 67 f.

Dass dies leichter gesagt als getan war, zeigte sich im September 1882: »Es ist eine Stimmung darin, die mich anmuthet wie die Luft eines schönen klaren Septembertages« (KGB III 2, S. 285), schrieb ihm von Gersdorff als Dank für die Übersendung von *Die fröhliche Wissenschaft*. Nietzsche, so sah es also

Die fröhliche Wissenschaft, vgl. S. 69 ff.

aus, drohte in den Augen der immer zurückhaltender werdenden Freunde unter seinen immer weniger werdenden Lesern zum Erbauungsliteraten zu verkommen.

Nietzsches große Liebestragödie

Diese Zurückhaltung hatte fraglos auch mit dem gerade in jener Zeit anhebenden, von seiner Schwester forcierten Tratsch über Nietzsches große Liebestragödie mit Lou von Salomé (verh.: Andreas-Salomé; 1861-1937) zu tun. Kennengelernt hatte Nietzsche diese spätere Literatin, Freud-Schülerin sowie Verfasserin eines der ersten Nietzsche-Bücher im April 1882 in Rom. Drei Monate später beschloss er: »Ich will nicht mehr einsam sein und wieder lernen, Mensch zu werden.« (B 6, S. 217) Unmittelbar vor dieser so hoffnungsfroh begonnenen Bekanntschaft hatte Nietzsche zusammen mit Paul Rée einen, salopp gesprochen, recht vergnüglichen Urlaub an der Riviera verbracht. Nietzsche steckte zu dieser Zeit mitten in der Arbeit an *Die fröhliche Wissenschaft* und huldigte insoweit der hier begründeten Losung: »*gefährlich leben!*« (A 3, S. 526) Mitten hinein also in dieses vordergründig martialische Reden, mit dessen Hilfe er sich probeweise als eine robustere, sich in ihrer Nicht-Bürgerlichkeit auslebende Natur fingierte, traf die Nachricht des schon nach Rom weitergereisten Rée, er habe »ein energisches, unglaublich kluges Kind mit den mädchenhaftesten, ja kindlichen Eigenschaften« kennengelernt, eben Lou. »Dieselbe«, so setzte Rée noch hinzu, als stünde er selbst der ganzen Sache neutral gegenüber, »ist [...] so begierig geworden, Sie zu sehen, zu sprechen«. (KGB III 2, S. 251) Nietzsche reagierte hoch ambivalent und mit der Attitüde des in die Schule Byrons gegangenen Verführers, also mit der Einschränkung, dass er sich im Fall der Fälle »höchstens zu einer zweijährigen Ehe« mit Lou verstehen könne, »und auch dies nur in Anbetracht dessen was ich in den nächsten 10 Jahren zu thun habe«. Nietzsches Interesse an Lou, so konnte Rée daraus entnehmen, gefährdete nicht ihre Männerfreundschaft, zumal Nietzsche noch lässig hinzusetzte: »Grüssen Sie diese Russin von mir [...]: ich bin nach dieser Gattung von Seelen lüstern. Ja ich gehe nächstens auf Raub darnach aus.« (B 6, S. 185 f.)

Diese Attitüde eines Lebemanns musste durchaus unglaubwürdig wirken, zumal aus der Feder dessen, der mit Damen bisher so gut wie keine Erfahrungen gesammelt hatte – und wurde entsprechend rasch als Maske entlarvt: Nietzsche hatte sich in Lou verliebt und folgte darin, ohne es offenbar richtig zu erkennen, dem Beispiel seines Freundes Rée (den er sich auch noch als *Postillon d'amour* auserkor, sei es aus Naivität, sei es aus Sorge, das offiziell Ersehnte, aber heimlich Gefürchtete könne in Erfüllung gehen). Fatalerweise hatte sich Lou für Rée *und* Nietzsche entschieden, und zwar unter ihren – für die damalige Zeit fraglos skandalträchtigen – Konditionen, die Ausdruck finden in ihrer Vision einer auf ›Dreieinigkeit‹ abzielenden Wohn- und Arbeitsgemeinschaft, die platonische Liebe gleichsam nach allen Seiten hin zu gewährleisten vermag (vgl. Andreas-Salomé 1968, S. 76). Dass dies nicht gutgehen konnte, zeigt die weitere Entwicklung: Das von Lou entworfene trauliche Szenario wandelte sich unter dem Ansturm der Gefühle der sich allmählich in Rivalen wandelnden Freunde zusehends in eine Art Trio infernale, mit der bitteren Pointe, dass Rée im Oktober 1901 unter mysteriösen Umständen, die den Schluss auf Selbstmord zulassen, im Engadin, unweit von Sils-Maria, einen Berg herabstürzte.

Trio infernale

Lou von Salomé um 1882

Auch Nietzsche trieben, zumindest im Winter 1882/83, Selbstmordgedanken um. Ansonsten litt er, seiner unerwiderten Gefühle wegen, leise vor sich hin. Niederschlag findet sein Kummer auch im Werk; Gedichte wie beispielsweise das im Mai 1883 in Rom entstandene *Nachtlied* belegen dies. In eine ähn-

»Nacht ist es: nun reden lauter alle springenden Brunnen. Und auch meine Seele ist ein springender Brunnen. // Nacht ist es: nun erst erwachen alle Lieder der Liebenden. Und auch meine Seele ist das Lied eines Liebenden. // Ein Ungestilltes, Unstillbares ist in mir; das will laut werden. Eine Begierde nach Liebe ist in mir, die redet selber die Sprache der Liebe.« (Friedrich Nietzsche, *Also sprach Zarathustra II: Das Nachtlied*; A 4, S. 136) liche Richtung weist *Das Tanzlied* aus *Zarathustra II*, aber auch *Das andere Tanzlied* aus *Zarathustra III*, ein raffiniert angelegtes, dialogförmiges Kompendium zum Thema der Nicht-Bedrohlichkeit des Gedankens der ewigen Wiederkunft unter den Bedingungen weltlicher Vollkommenheit, dargeboten in Gestalt einer Art Selbstparodie auf Nietzsches Liebesleid in Sachen Lou als »unschuldige, ungeduldige, windseilige, kindsäugige Sünderin« (A 4, S. 283).

Heutige Leser können um derlei Deutungsoptionen in Kenntnis der Zusammenhänge wissen. Nietzsches Zeitgenossen, wie etwa Heinrich von Stein, waren meist überfordert. Von Stein zeigte sich zwar bei einem mehrtägigen Besuch Nietzsches in Sils-Maria (im August 1884) gerade von *Das andere Tanzlied* »aufs Tiefste ergriffen« und hatte es auch auswendig gelernt – aber offenbar seiner Botschaft nach überhaupt nicht verstanden. Nietzsche jedenfalls blieb wieder einmal nur trübes Erstaunen: »Welch sonderbares Schicksal, 40 Jahre alt werden und *alle* seine wesentlichsten Dinge, theoretische wie praktische, als Geheimnisse mit sich noch herumschleppen!« (B 6, S. 531)

Nur zwei Jahre zuvor hatte sich Nietzsche noch von Lous Jungmädchenphantasie einfangen lassen. Stolz teilte er seinem inzwischen in Tübingen lehrenden alten Studienfreund Rohde mit, er gehe im Herbst »an die Universität Wien und fange neue Studentenjahre an, nachdem die alten mir, durch eine zu einseitige Beschäftigung mit Philologie, etwas mißrathen sind« (B 6, S. 226). Als eine Art Generalprobe hierfür gilt Nietzsches dreiwöchiger (Arbeits-)Aufenthalt mit Lou im August 1882 im Tautenburger Wald. Dieser setzte erstaunliche Effekte frei auf Seiten des vermeintlich kranken und menschenscheuen Eremiten. Lou jedenfalls, die zuvor Rée in dessen Elternhaus in Stibbe beinahe im Stil einer Schwiegertochter besucht hatte,

> »Wir verstehen uns so sehr gut. Aber ob es gut ist, daß er den ganzen Tag von früh bis spät mit mir und im Gespräch ist, also nicht bei seiner Arbeit –; ich sagte es ihm heute, er nickte und sagte: ›ich habe es ja so selten, und ich genieße es wie ein Kind.‹« (Lou von Salomé in einem Brief vom August 1882 an Paul Rée; zit. n. Pfeiffer 1970, S. 183)

ließ diesen in aller Unschuld wissen, wie gut man sich verstanden und unterhalten habe.

Eines der Themen, die man in Tautenburg durchnahm, war der Gedanke der ewigen Wiederkunft (NL, S. 105 ff.), der Nietzsche angeblich erstmals ein Jahr zuvor gekommen sein will: »Anfang August 1881 in Sils-Maria, 6000 Fuss über dem Meere und viel höher über allen menschlichen Dingen!« (A 9, S. 494) Was es mit diesem in der Folge insbesondere im *Zarathustra* in immer neuen Anläufen skizzierten Gedanken auf sich hat, suchte auch Lou in jenen Tautenburger Gesprächen zu ergründen, über deren Kern sie in ihrem Nietzsche-Buch mit den Worten Bericht erstattete: »Unvergeßlich sind mir die Stunden, in denen er ihn mir zuerst, als ein Geheimnis, als etwas, vor dessen Bewahrheitung und Bestätigung ihm unsagbar graue, anvertraut hat: nur mit leiser Stimme und mit allen Zeichen des tiefsten Entsetzens sprach er davon.« (1894, S. 196) In ähnlicher Weise ließ sich Nietzsche auch gegenüber anderen Gesprächspartnern vernehmen, darunter Franz Overbeck (1906, S. 68) – mit der Folge, dass sich in der Nietzsche-Forschung der Vorwurf einer gekonnten Selbstinszenierung festzusetzen begann, zumal Nietzsche für den Gedanken der ewigen Wiederkunft keine Priorität beanspruchen konnte: Ihm musste er von der Antike her zumindest dem Grundzug nach längst bekannt sein. Dies war auch Lou nicht verborgen geblieben, deren Frage denn auch eher dahin ging, warum Nietzsche einer Vorstellung verhaftet blieb, vor der ihm grauen musste, wenn man den frappierenden Kontrast zwischen seinem krankheitsbedingten Lebensüberdruss und der in der Wiederkunftslehre ausgesprochenen Gewissheit der ewigen Lebenswiederkehr in Rechnung stelle (vgl. Andreas-Salomé 1894, S. 199).

Ewige Wiederkunft

Jenseits dieser sehr grundsätzlichen Fragen erheischte gleichwohl eine überaus profane Deutung des in Tautenburg Geschehenen Geltung, übrigens auch auf Seiten der Hauptbeteiligten. Denn in Lous von Nietzsche mit dem Attribut »hundert Anklänge an unsere Tautenburger Gespräche« (B 7, S. 102) gelobten Erzählung *Im Kampf um Gott* (1885) bekommt man es immerhin auch mit einer Art »Courths-Mahler nach einer Überdosis Philosophie« (Decker 2010, S. 120) zu tun: Der Held

Kuno (= Nietzsche) erhält hier zwar die Chance, mit Margheritha (= Lou) zu verkehren, dies aber für den Preis seiner Reduktion auf einen bloßen Wüstling. Auch Nietzsches Schwester, die Lou und ihren Bruder als Anstandsdame nach Tautenburg begleitet hatte, betätigte sich literarisch – mit Nietzsche gespottet: sie brütete »Novellen-Eierchen« (B 6, S. 211) aus. Darunter findet sich eine offenbar in jenem Tautenburger August verfasste Erzählung, in der eine gewisse Nora mit einem »gefährlichen Frauenzimmer« voll »geistreicher Hässlichkeit« um einen heiratswilligen Philosophen namens Georg konkurriert. Das Happyend bleibt nicht aus, ist aber nicht ohne Brisanz. Denn Georg (= Nietzsche) entsagt zwar der ohnehin schon an seinen Freund (= Rée) gebundenen Dritten (= Lou), aber Nora, für die er sich dann entscheidet, trägt deutlich Züge Elisabeths, womit deren Fiktion, gewiss ungewollt, inzestuöse Anteile aufweist. Und: Georg muss sich am Familientisch zu einer seiner Theorien über die Frauen noch den Kommentar anhören, dass nichts Philosophen unangenehmer sei, »als wenn man ihre philosophischen Behauptungen ins Persönliche überleitet« (zit. n. Wollkopf 1994, S. 266). Dies war unfreundlicher gemeint, als es den Anschein hat, wie auch ein Blick auf die Vorlage der Geschichte erweist. Denn der bitterste Vorwurf Nietzsches in der Lou-Affäre an die Adresse seiner Schwester war gewesen, dass sie der Mutter geschrieben hatte, »›sie habe in Tautenburg meine Philosophie in's Leben treten sehen und sei erschrocken: *ich* liebe das Böse, *sie* aber liebe das Gute‹« (B 6, S. 256). Entsprechend klagte Elisabeth gegenüber einer Bekannten: »[I]ch habe mein Ideal verloren und kann mich noch nicht trösten.« (Ebd., S. 252) Im Rücken dieses untergegangenen Ideals identifizierte sie als ihren neuen geistigen Heroen den von Nietzsche verachteten militanten Antisemiten und Wagnerianer Bernhard Förster (1843-1889), den sie im Mai 1885 heiratete, um ihm ein Jahr darauf zur Gründung einer deutsch-völkischen Kolonie nach Paraguay zu folgen. Dies, aber auch der Umstand, dass Nietzsches Schwester noch im hohen Alter die durch die Affäre Nietzsches mit Lou von Salomé heraufbeschworene Brüskierung der »Vorurteile der Gesellschaft« (Förster-Nietzsche 1935, S. 113) tadelte, bezeugt, dass ihr das Verständnis für ihren Bruder vollständig abging.

»In Hinsicht auf das ganze moralische Geschwätz der Einen über die Andern ist der Ekel an der Zeit! Moralisch zu Gericht sitzen soll uns wider den Geschmack gehen! Ueberlassen wir diess Geschwätz und diesen üblen Geschmack Denen, welche nicht mehr zu thun haben, als die Vergangenheit um ein kleines Stück weiter durch die Zeit zu schleppen und welche selber niemals Gegenwart sind, – den Vielen also, den Allermeisten! Wir aber *wollen Die werden, die wir sind*, – die Neuen, die Einmaligen, die Unvergleichbaren, die Sich-selber-Gesetzgebenden, die Sich-selber-Schaffenden!« (Friedrich Nietzsche, *Die fröhliche Wissenschaft*; A 3, S. 563)

Bruch mit Mutter und Schwester

Nietzsches Reaktion fiel konsequent aus: Er ließ es zum Bruch mit Mutter und Schwester kommen – und genoss diese Entscheidung im ersten Überschwang sogar, wie sein Brief an Franz Overbeck vom März 1883 belegt, der mit dem starken Satz aufwartet: »Ich mag meine Mutter nicht, und die Stimme meiner Schwester zu hören macht mir Mißvergnügen; ich bin immer *krank* geworden, wenn ich mit ihnen zusammen war.« (B 6, S. 338 f.) Zwar kam es zwischenzeitlich zur Versöhnung, schließlich aber doch zum endgültigen Bruch – mit dem Nachschlag des in letzter Minute eingefügten Einschubs zu *Ecce homo*, in welchem Nietzsche seiner Mutter wie Schwester unter Vorzeichen wie »Gemeinheit«, »canaille«, »Höllenmaschine« oder »giftiges Gewürm« (A 6, S. 268) gedenken wird.

Die Rache der Schwester

Die Rache der Schwester war folgenreich: Sie ließ diesen Einschub wenig später, nun in ihrer Eigenschaft als Nachlassverwalterin ihres geistig zusammengebrochenen Bruders, verschwinden und präsentierte ersatzweise von ihr gefälschte Briefe, die sie als liebende und seine Absichten verstehende Schwester auswiesen. Diese sowie andere, weitaus schlimmere Fälschungen bestätigen, was Nietzsche seiner Schwester Ende 1887 in einem – von ihr später (1909) unterschlagenen – Brief aus Nizza geschrieben hatte: »Ich denke jetzt über Schwestern ungefähr so, wie Sch[openhauer] dachte, – sie sind überflüssig, sie stiften Unsinn.« (B 8, S. 219)

Bittere Scherze wie diese boten Nietzsche allerdings nur wenig Trost angesichts eines nach der Lou-Affäre und dem Bruch mit Rée um sich greifenden tiefen Gefühls der Einsamkeit. Hinzu kam Nietzsches nach wie vor prekäre Gesundheit. Entsprechend gegenstandslos war seine vage Phantasie vom März 1886, wonach er, dauerhafte Besserung vorausgesetzt, sicherlich als Nachfolger seines von ihm schon seit 1869 – gleichsam tragisch einseitig – verehrten Baseler Kollegen Jacob Burckhardt (1818-1897) angefragt worden wäre (B 7, S. 159). In der Folge beruhigte sich Nietzsche zunehmend mit der Vorstellung, dass er aufgrund der vor ihm stehenden Aufgaben ohnehin tiefe Isolation benötige.

Einsamkeit

Tatsächlich offenbart gerade der ›späte‹ Nietzsche eine erstaunliche Produktivität – aber auch eine zunehmend pathologischer werdende Selbstüberhebung. So brüstete er sich nach Fertigstellung der *Genealogie der Moral* im August 1887, er habe diese Schrift, obgleich »krank und extrem indisponiert« (B 8, S. 123), in noch nicht einmal drei Wochen geschrieben. Im Februar 1888, im auffälligen Nachgang zur Nachricht des Verlegers, dass *Jenseits von Gut und Böse* »zuletzt nur noch wenig verlangt [wurde]« (KGB III 6, S. 152), suchte sich Nietzsche in einem Briefentwurf dem für dieses Buch in Aussicht genommenen Rezensenten Carl Spitteler mit den Worten zu empfehlen, er habe »seit 10 Jahren lauter Meisterwerke hervorgebracht« (B 8, S. 245). Mitte September 1888, *Der Fall Wagner* ist soeben erschienen und die *Götzen-Dämmerung* in Druck gegangen, erprobte Nietzsche die eher gegenläufige Taktik des lässigen Understatements, indem er diese beiden Schriften als »wirkliche Erholungen inmitten einer unermeßlich schweren und entscheidenden Aufgabe« bagatellisierte (B 8, S. 426). Anfang Dezember 1888 schließlich, begleitend zu seinen letzten Arbeiten, den *Dionysos-Dithyramben* sowie dem Kompendium *Nietzsche contra Wagner*, kalkulierte Nietzsche in einem Briefentwurf an seinen dänischen Entdecker Georg Brandes in Sachen von *Der Antichrist* gar auf »eine Million Exemplare in jeder Sprache als *erste* Auflage« (B 8, S. 500).

Produktivität

Pathologische Selbstüberhebung

Vermutlich am selben Tag schrieb Nietzsche mehrere Entwürfe für Widmungsschreiben, einerseits an Wilhelm II., andererseits an Bismarck, dem Nietzsche »durch Überreichung des *ersten* Exemplars von ›Ecce homo‹ meine Feindschaft anzukündigen« (B 8, S. 504) sich vornahm. Wenn all dies noch keine Reaktion hervorbrachte, dann vor allem, weil es meist bei Entwürfen blieb. Einen Monat später lagen die Dinge anders: Nietzsche verfasste Anfang Januar 1889 mehrere, dann auch verschickte sogenannte Wahnsinnszettel – adressiert u. a. an August Strindberg, Cosima Wagner, Georg Brandes, Hans von Bülow, Paul Deussen, Heinrich Köselitz, Malwida von Meysenbug, Franz Overbeck, Erwin Rohde, Carl Spitteler, den italienischen König Umberto I. sowie an Jacob Burckhardt. Als Nietzsches

Wahnsinnszettel

»Lieber Herr Professor, zuletzt wäre ich sehr viel lieber Basler Professor als Gott; aber ich habe es nicht gewagt, meinen Privat-Egoismus so weit zu treiben, um seinetwegen die Schaffung der Welt zu unterlassen.« (Friedrich Nietzsche in einem Brief vom 4. Januar 1889 an Jacob Burckhardt; B 8, S. 577 f.)

Baseler Kollege diese in Turin verfassten Zeilen las, alarmierte er Overbeck, der, seinerseits beunruhigt durch die wirre Mitteilung Nietzsches an ihn, er »lasse eben alle Antisemiten erschiessen« (B 8, S. 575), nach einigem Zögern nach Turin fuhr und den Freund dort in seiner Pension auf einem Sofa liegend vorfand. Er konnte ihm nicht mehr helfen: Jene furchtbare

Zusammenbruch

»[E]r erblickt mich und stürzt auf mich zu, umarmt mich heftig, mich erkennend, und bricht in einen Tränenstrom aus, sinkt dann in Zuckungen aufs Sopha zurück [...]. Hat ihm sich in diesem Augenblick der Abgrund aufgetan, an dem er steht oder in den er vielmehr gestürzt ist?« (Franz Overbeck, *Erinnerungen an Friedrich Nietzsche*, S. 12)

Einsamkeit hatte um Nietzsche Einzug gehalten, der er kurz zuvor, in seinem ebenso verzweifelten wie gleichwohl hoffungsfrohen Gedicht *Von der Armut der Reichsten*, ein Denkmal gesetzt hatte: »Zehn Jahre dahin –, // kein Tropfen erreichte mich, // kein feuchter Wind, kein Thau der Liebe // – ein *regenloses* Land... // Nun bitte ich meine Weisheit, // nicht geizig zu werden in dieser Dürre: // ströme selber über, träufle selber Thau // sei selber Regen der vergilbten Wildniss!« (A 6, S. 406) Wie Nietzsches Turiner Zusammenbruch zeigt, blieb diese Hoffnung unerfüllt: Nietzsche fand sich nicht wieder als ›Regen‹, sondern als eine Art ›Wüste‹, eingedenk seiner schrecklichen Warnung von 1885: »*Die Wüste wächst: weh Dem, der Wüsten birgt!*« (A 4, S. 385)

Die Wüste wächst

Epilog: In der Wüste (1889-1900)

Franz Overbeck verbrachte Nietzsche ins auf Syphilitiker spezialisierte Irrenspital Basel. Dort gab dieser an, er habe sich »zweimal specifisch inficiert« (zit. n. Volz 1990, S. 381). Ansonsten fabulierte er viel und fertigte zwischen dem 10. und 17. Januar 1889 eine – verschollene und Nietzsche nicht mit letzter Sicherheit zuzuordnende – Zeichnung vom Löwendenkmal in Luzern an, die vielsagend ist für die Bedeutung Lou von Salomés für Nietzsche. Denn hier, vor jenem Denkmal, hatte Nietzsche Lou im Mai 1882 einen Heiratsantrag gemacht. Wie bereits den von Paul Rée überbrachten ersten Antrag lehnte Lou auch diesen ab.

Ebenso aussagekräftig ist die erstmals von Erich F. Podach (1930, S. 82) in Umlauf gebrachte, von Gottfried Benn in *Turin I* (1936) bedichtete Anekdote, Nietzsche habe den eigentlichen Anlass zum Einschreiten Dritter gegeben, als er Anfang Januar 1889 auf der Piazza Carlo Alberto in Turin einem von einem Kutscher misshandelten Pferd um den Hals fiel. Auch wenn der intimste Turiner Zeuge, Franz Overbeck, die Geschichte nicht bestätigt, der Stoff gibt durchaus etwas her. Denn Nietzsche hatte einige Monate zuvor seinem Freund Reinhart von Seydlitz geschrieben: »Gestern dachte ich mir ein Bild aus von einer moralité larmoyante, mit Diderot zu reden. Winterlandschaft. Ein alter Fuhrmann, der mit dem Ausdruck des brutalsten Cynismus, härter noch als der Winter ringsherum, sein Wasser an seinem eigenen Pferde abschlägt. Das Pferd, die arme geschundne Creatur, blickt sich um, dankbar, *sehr* dankbar.« (B 8, S. 314) Man sieht hier: Die Fiktion entspricht noch

Das Luzerner Löwendenkmal, verschollene Zeichnung, angeblich im Januar 1889 von Nietzsche in der Nervenheilanstalt Basel angefertigt

nicht ganz dem, was sich später ereignet haben soll. Vor allem fehlt die Legitimation für den mitleidsvollen Eingriff eines Dritten. Denn das Pferd erlebt die zynisch gemeinte Handlung des Kutschers durchaus als wohltuend. Deswegen spricht Nietzsche ja auch von einer *moralité larmoyante*, von einer Moral also, die, von christlichen Werten getragen und durch menschliches Empfinden vermittelt, mitunter das Leiden der Kreatur zu Unrecht unterstellt. Der geistig gesunde Nietzsche, so könnte man folgern, wollte diese Antinomie verdeutlichen, im Gegensatz zu dem, der Monate später das Reißbrett verlässt und, all seiner Kritik an der Mitleidsmoral zuwiderhandelnd, dem geschundenen Tier helfend zur Seite springt. Denn dieser Nietzsche bezeugt gleichsam in Gestalt einer Art »Fata Morgana jenes Fortschritts, der noch nicht begonnen hat« (Adorno 1962, S. 626), die in ihm gründende unterschwellige Sehnsucht nach jener Mitleidsmoral, der er zu geistig gesunden Zeiten theoretisch jedes Recht absprach, obwohl er ihrer praktisch doch immer wieder bedurfte und nun für immer bedürfen wird.

Der weitere Fortgang der dem Turiner Zusammenbruch folgenden Ereignisse sei hier nur noch knapp erzählt: Nietzsches Mutter holte ihren Sohn, noch im Januar, in Basel ab und überführte ihn in die Irrenanstalt nach Jena. Die dort angelegte Krankenakte verzeichnet: »1866 Syphilit. Ansteckg.« (Volz 1990, S. 393). Ob sich Nietzsche selbst entsprechend geäußert hat, bleibt allerdings unklar. Nimmt man die Mitteilung eines der ersten ihn nach seinem Zusammenbruch diagnostizierenden Ärzte hinzu, wonach der Patient »fortwährend Frauenzimmer« (zit. n. Podach 1930, S. 107) verlange, entsteht jener Kontext, in den Nietzsches Krankheit gehört: Es handelte sich um ›progressive Paralyse‹ infolge von Syphilis, und zwar allen Ablenkungsmanövern (Überarbeitung, Schlafmittel- resp. Drogenmissbrauch, Schlaganfall etc.) seiner Schwester sowie Mutter zum Trotz.

Von Basel nach Jena

Progressive Paralyse

Da Nietzsches Schwester noch über den von ihr mit immer neuen Legenden verklärten Selbstmord ihres finanziell ruinierten Mannes Bernhard (im Juni 1889) hinaus in Paraguay gebunden war (bis September 1893), wenngleich sie zwischenzeitlich im Dezember 1890 (bis Juni 1892) nach Naumburg zurückkehrte, blieb Nietzsche zunächst auf die Hilfe seiner Mutter angewiesen, die ihren Sohn fluchtartig und durchaus couragiert im Mai 1890 von Jena nach Naumburg verbrachte, um ihn dort bis zu ihrem Tod im April 1897 selbst zu pflegen (vgl. Niemeyer 1998, S. 26 ff.). Nietzsches Niedergang freilich war nicht mehr aufzuhalten.

Von Jena nach Naumburg

»Welche fürchterliche Veränderung war seit 1890 vor sich gegangen! [...] Er verließ die ganze Zeit nicht seinen Krankenstuhl, sprach mit mir kein Wort, ja richtete auf mich nur noch bisweilen einen gebrochenen, halb feindseligen Blick und machte mir überhaupt den Eindruck eines todeswunden, edlen Tieres, das sich in den Winkel zurückgezogen, in dem es nur noch zu verenden gedenkt.« (Franz Overbeck im September 1895, *Erinnerungen an Friedrich Nietzsche*, S. 107)

Elisabeth Förster-Nietzsche suggerierte später, die Jahre 1894-1897, in denen Nietzsche der mütterlichen Pflege oblag, seien die »unglücklichsten« ihres Lebens gewesen, Nietzsche sei erst nach dem Tode der Mutter unter schwesterlicher Pflege in Weimar aufgeblüht (vgl. Förster-Nietzsche 1914, S. 542). Auf diese Weise suchte sie nachträglich die eigenen Handlungsmotive zu adeln. Über deren Abgründigkeit belehrt schon der Umstand, dass der kranke Nietzsche nach dem Tod der Mutter und dem von der Schwester veranlassten Umzug nach Weimar bis zu seinem Tod am 25. August 1900 infolge eines Schlaganfalls nicht selten als eine Art Requisite für einflussreiche und finanzstarke Gönner zur Schau gestellt wurde. Elisabeths Absicht ging dabei dahin, einem veritablen Nietzsche-Kult Vorschub zu leisten, zu dessen dunklen Seiten die systematische Verfälschung der Werke (NL, S. 419 ff.) und Briefe (NL, S. 419 ff.) des Bruders gehört. Im Ergebnis dessen kam Nietz-

Der kranke Nietzsche neben seiner Mutter, Mai 1891

sche in der schrecklichsten aller Wüsten zu liegen: in der ungeistigen des Nationalsozialismus.

Werk

> Wenn der Mensch sich auch noch so stark fortentwickelt
> und aus einem Gegensatz in den andern überzuspringen scheint:
> bei genaueren Beobachtungen
> wird man doch die *Verzahnungen* auffinden,
> wo das neue Gebäude aus dem älteren herauswächst.
> Dies ist die Aufgabe des Biographen:
> er muss nach dem Grundsatze über das Leben denken,
> dass keine Natur Sprünge macht.
> (*Der Wanderer und sein Schatten*, Aph. 198)

Im März 1900 übersandte der 43-jährige, weithin noch unbekannte Wiener Nervenarzt Sigmund Freud ein druckfrisches Exemplar seiner soeben erschienenen *Traumdeutung* auf Anraten seiner Gattin dem damals in Wien weilenden dänischen Nietzsche-Entdecker Georg Brandes ins Hotel (vgl. Brandell 1976, S. 8). Uns soll hier nicht interessieren, was Brandes mit dieser Gabe anstellte, nur: Wäre Freud wenig später, wie Nietzsche, geistig zusammengebrochen, würde heutzutage von ihm wohl allenfalls noch erinnert werden, dass er neben der Bedeutung der Träume die Geschlechtsorgane der Aale und die betäubende Wirkung der Kokapflanze entdeckt hat sowie Ende der 1890er Jahre mit einigen wüsten Theorien über sexualisierte Gewalt im Wiener Bürgertum Furore machte – übrigens gleichsam kritisch gegen Kant, von dem, wäre er schon mit 44 Jahren geistig zusammengebrochen, heute vermutlich wohl nicht mehr in Erinnerung gebracht werden würde als der Umstand, dass es sich hier um einen Unterbibliothekar der Königsberger Schlossbibliothek gehandelt hat, dessen 1762 vorgelegte Antwort auf eine Preisaufgabe der Berliner Akademie lobende Erwähnung fand.

Was folgt aus diesem Beispiel? Dass man sich Nietzsche-Forscher als glückliche Menschen vorzustellen hat, weil es sie, Kant oder Freud als Maßstab genommen, viel härter hätte treffen können in Sachen Leseaufwand? Oder dass man sich Nietzsche als eine Art Genie aus einer anderen Welt vorzustellen hat? Nietzsche selbst hätte wohl die zweite Antwort bevorzugt, angesichts des Geniekults, den er zum Ende hin um sich trieb. Denn na-

Genie aus einer anderen Welt?

türlich meinte er mit dem vielzitierten »Gewitter [...], welches mit neuen Blitzen schwanger geht«, sich selbst, ebenso wie mit dem Wort von dem »verhängnissvolle[n] Mensch[en], um den es immer grollt und brummt und klafft und unheimlich zugeht« (A 5, S. 235).

Als Nietzsche dies so niederlegte, stand ihm das eigentlich Unheimliche, der Wahnsinn als fast unvermeidbarer Zwilling des Genies, schon kurz bevor. Und, auch dies wird man an dieser Stelle wohl notieren dürfen: Die Vokabel ›Genie‹ darf fraglos nicht auf jedes einzelne Werk oder jeden einzelnen Satz Nietzsches erstreckt werden. In so manchem Frühwerk Nietzsches ist nicht das Genie (auf eigene Faust) zu bewundern, sondern ein Autor, der sich als Wagnerianer zu beglaubigen sucht und in dieser Eigenschaft nur von der offensichtlichen Vaterübertragung aus begriffen werden kann (NL, S. 390 ff.). Nicht minder prekär und teilweise (gleichfalls) peinlich ist jener späte Nietzsche, dessen Ehrgeiz dahin zu gehen scheint, als politisch inkorrekter Autor zu brillieren – und der auch noch, durchaus unpassend, darüber scherzt, dass er am Ende noch als »medicynisch« (A 6, S. 306) wahrgenommen werden würde, wenn er alles sagte, was er dächte. Es lohnt sich, diesen Nietzsche, der mit martialischen Parolen im Blick auf (Erb-)Kranke Furore zu machen suchte, auf die Couch zu legen. Genie freilich besitzt dieser Nietzsche kaum, ebenso wie jener, der eher für Larmoyanz und Geschwätzigkeit steht und, zumal im *Zarathustra*, in verklausulierter Form von eigenen Lebens- und Liebestragödien handelt und Peinlichkeiten zu Papier bringt wie beispielsweise: »Lebendige Denkmale sollst du bauen deinem Siege und deiner Befreiung.« (A 4, S. 90)

Medicynisch?

So betrachtet stimmt die erste Antwort doch, zumindest ein bisschen: Man kann sich Nietzsche-Forscher als glückliche Menschen vorstellen, wenigstens was das rein Quantitative angeht. Denn Nietzsches Werk, die Kindheits- und Jugendschriften sowie die Kompositionen außer Betracht gelassen, umfasst zwar einiges: 6 Bände Werke, 7 Bände Nachlass, 8 Bände Briefe. Aber wenn man das Frühwerk in Abzug bringt oder zumindest doch relativiert, also die zehn Jahre als Altphilologe und als Wagnerianer, Jahre – wie Nietzsche 1888 klagte –, »wo ganz eigentlich die *Ernährung* des Geistes bei mir stillgestanden hatte, wo ich nichts Brauchbares hinzugelernt hatte, wo ich unsinnig Viel über einem Krimskrams verstaubter Gelehrsamkeit vergessen hatte« (A 6, S. 325), bleibt an wirklich Relevantem nicht mehr gar so viel übrig.

Nimmt man nun noch hinzu, dass sich Nietzsche – in einer von seiner Schwester pikanterweise unterdrückten Gesprächspassage – dagegen verwahrte, dass etwas von ihm herausgegeben würde, »was er selbst [nicht] für die Publication bestimmt und fertig gestellt hätte« (zit. n. Krummel 1988, S. 488), gibt es gute Gründe, den Leseaufwand noch weiter einzuschränken, also auch den Nachlass weitgehend unbeachtet zu lassen. Dagegen steht Martin Heidegger, der mit seiner Auffassung, die »eigentliche Philosophie« (1961a, S. 17) Nietzsches gründe im Nachlass bzw. in der Nachlasskompilation *Der Wille zur Macht*, für heillose Verwirrung sorgte. Zieht man noch Nietzsches Empörung über den vergleichsweise harmlosen Umstand in Betracht, dass sein Verleger 1879 ohne Erlaubnis einen Satz von ihm in werblicher Absicht verwendet hatte (B 5, S. 395 f.), spricht einiges dafür, bevorzugt über die von Nietzsche zum Druck freigegebenen Werke zu reden.

Leseaufwand / Deutungsaufwand

Leseaufwand meint aber nicht gleich Deutungsaufwand. Und dass dieser erheblich ist, zeigt schon der eigentliche »Fall Nietzsche«, also der bereits angesprochene enge Zusammenhang zwischen Genie und Wahnsinn, aber auch die Tatsache, dass manche Formulierung – etwa aus dem *Zarathustra* – »dunkel und verborgen und lächerlich« sei »für Jedermann«, weil es um einen »persönlichen Sinn« (B 6, S. 525) gehe (den man folglich entschlüsseln können muss). Auf diesen Sachverhalt zielt wohl Nietzsches – für sich gelesen schadenfrohes –Bekenntnis, er tue eben »Alles« dafür, »schwer verstanden zu werden« (A 5, S. 45). Auch dem seit Kurt Tucholsky (1932, S. 14) immer wieder beklagten Umstand, dass man bei Nietzsche alles fände, aber auch das Gegenteil zu allem, hat schon der Meister selbst die Spitze gebrochen, als er ebenso kokett wie frivol feststellte: »Dieser Denker braucht Niemanden, der ihn widerlegt: er genügt sich dazu selber.« (A 2, S. 662) Um diese vieldeutige Sentenz ins Allgemeine zu wenden: Nietzsches Werk ist schillernd, voller Abgründe und Fallstricke, stilistisch meist (aber fraglos nicht immer) brillant, zahllose Erzähl- und Stilformen erprobend, durchsetzt von Fabeln, Rätseln, Gleichnissen – und es stammt von einem Autor, der die Warnung ausgab, dass er sich hier und da möglicherweise widerlege, also absichtsvoll widerspreche. Angesichts dieser Ausgangslage sind Nietzsches Deutungshinweise unverzichtbar, darunter jenes eingangs angeführte Motto, das man vielleicht wie folgt übersetzen darf: Nietzsches Entwicklung kennt extreme, nicht immer leicht nachvollziehbare ›Sprünge‹, die von der uneingeschränkten Wagner-Verehrung der Frühzeit über die Inanspruchnahme der Attitüde eines an Voltaire geschulten Aufklärers bis hin zur Selbstauslegung als kosmopolitischer Vorbereiter einer neuen Ordnung der Dinge in einer Welt ohne Gott reichen. Und: Nietzsche war überzeugt davon, dass seine Interpreten in der Lage sein sollten, jene ›Verzahnungen‹ aufzufinden, wo das ›neue Gebäude‹ seines Denkens aus dem älteren ›herauswächst‹.

Der Wagnerianer: Das frühe Werk (1872-1876)

Nietzsche selbst hat sein Frühwerk in der Rückschau vor allem wegen des darin noch dominierenden Wagner-Einflusses im Prinzip zur Makulatur erklärt (Niemeyer 2011, S. 85 ff.). Umso nachhaltiger ist der Rechtfertigungsdruck, der auf jenen lastet, die behaupten, Nietzsche habe »schon in seinen frühen Schriften zu der ›Aufgabe‹, den wichtigsten Themen und leitenden Unterscheidungen seines Philosophierens gefunden« (Stegmaier 2011, S. 120). Die Härte, mit der Nietzsche später mit dem frühen Nietzsche ins Gericht ging, ist jedenfalls auffällig. Für welche Werke aber gilt dies besonders: dass Nietzsche sich

> »Man verehrt und verachtet in jungen Jahren wie ein Narr und bringt wohl seine zartesten und höchsten Gefühle zur Auslegung von Menschen und Dingen dar, welche nicht zu uns gehören, so wenig als wir zu ihnen gehören [...]. Später, wo man stärker, tiefer, auch ›wahrhaftiger‹ geworden ist, erschrickt man zu entdecken, wie wenig man damals die Augen offen gehabt hat, als man auf diesen Altären opferte.« (Friedrich Nietzsche im August / September 1885; A 11, S. 669 f.)

mit ihnen, wie er 1885 meinte, auf dem Altar Wagners opferte?

In erster Linie ist dabei wohl die erste *Unzeitgemässe Betrachtung, David Strauss der Bekenner und der Schriftsteller* gemeint. Denn der Rang dieser Schrift als das – so Giorgio Colli im erkennbaren Einvernehmen mit dem Stand der Nietzsche-Forschung sowie zeitgenössischen Verrissen – »schwächste Werk, das Nietzsche je veröffentlicht hat« (A 1, S. 905), ist im Grunde eine Art Auftragsarbeit Wagners, die Nietzsche am liebsten denn auch nur unter Pseudonym veröffentlicht hätte. Dass Nietzsche seinen – wie er es 1886 nennen wird – »zornige[n] Ausbruch gegen die Deutschthümelei, Behäbigkeit und Sprach-Verlumpung des alt gewordenen David Strauss« (A 2, S. 369) später gleichwohl immer wieder mit Selbstgefälligkeit erwähnte und 1888, in *Ecce Homo*, über Seiten hinweg in höchsten Tönen loben wird, kann kein Gegenargument sein, sondern bezeugt eher die hagiographischen Motive, für die gerade diese späte Autobiographie berühmt ist.

David Strauss, der Bekenner und der Schriftsteller

Vgl. S. 91 ff.

In zweiter Linie ist an Nietzsches Anfang 1872 in Basel gehaltene Vorträge *Über die Zukunft unserer Bildungsanstalten* zu denken, die der Autor nach einigem Zögern schließlich im Februar 1873 als »primitiv« (B 4, S. 127) erkannte und für undruckbar erklärte. Oberflächlich betrachtet könnte man diese Vorträge zwar als Zeugnis lesen für eine Epoche, die eine immer stärkere Spezialisierung der Wissensformen kannte und in der folglich der Bildungswert von Philosophie und Kultur und mithin der Status der Allgemeinbildung verloren zu gehen drohte zugunsten einer Art »Halbbildung« (Adorno). Entsprechend scheint Nietzsches Konsequenz nachvollziehbar, dass von »Bildungsanstalten« dort nicht zu reden sei, wo »Amt« oder »Brodgewinn« angestrebt werde (A 1, S. 715). Aber man darf nicht übersehen, dass es Nietzsche um mehr ging: um die im Dienste Wagners erhobene bildungspolitische Forderung, »an der aristokratischen Natur des Geistes« festzuhalten und eine »Ordnung im Reiche des Intellekts« zu verteidigen, deren Umsturz durch Volksbildungsbestrebungen bevorstehe, wenn man nicht gegensteuere und sich auf »Bildung der einzelnen ausgelesenen, für große und bleibende Werke ausgerüsteten Menschen«

Über die Zukunft unserer Bildungsanstalten

konzentriere (A 1, S. 698). Damit hatte Nietzsche sich seinen Ruf als elitärer Bildungsphilosoph redlich erarbeitet, und zwar in der (nicht unberechtigten) Annahme, derlei träfe bei Wagner auf vergleichbare Zustimmung wie die vierte Unzeitgemässe Betrachtung *Richard Wagner in Bayreuth* (1876). Denn auch im Fall dieser etwas peinlich berührenden, langatmigen und über weite Strecken unkritischen Ode auf Wagner hätte Nietzsche fraglos besser daran getan, sich an sein auf eine Vorabfassung bezogenes Urteil zu halten: »›Richard W. in Bayreuth‹ wird nicht gedruckt, sie ist fast fertig, ich bin aber weit hinter dem zurück geblieben, was ich von mir fordere.« (B 5, S. 119) Ob dieses Urteil auch auf die anderen beiden Unzeitgemässen Betrachtungen sowie Nietzsches ›Erstling‹ hätte ausgedehnt werden müssen, bedarf einer etwas genaueren Analyse.

Richard Wagner in Bayreuth

Die Geburt der Tragödie aus dem Geiste der Musik

Leipzig: E. W. Fritzsch 1872

Nietzsches ›Erstling‹, im Januar 1872 von Wagners Verleger Ernst Wilhelm Fritzsch veröffentlicht, lässt schon bis in die Aufmachung hinein erkennen, dass Nietzsche damals begeisterter Wagnerianer war und, beispielsweise, Wert legte auf die Ausstattung »genau nach dem Muster von Wagners ›Bestimmung der Oper‹« (B 3, S. 243). Inhaltlich orientierte sich Nietzsche an Wagners »herrliche[r] Festschrift« (A 1, S. 23) *Beethoven* (1870) und mithin an dem hier angestimmten Loblied auf den deutschen »Weltbeglücker« (Beethoven), dem der erste Rang vor dem deutschen »Welteroberer« (GSD 9, S. 126) zugebilligt wird. Auch gleichsam taktische Einzelheiten kommen hier in Betracht, also etwa Wagners Überlegung, dass die griechische Antike »selbst aus ihren Trümmern für alle Zeiten uns darüber zu belehren« vermag, »wie der übrige Verlauf des Weltenlebens etwa noch erträglich zu gestalten wäre« (GSD 9, S. 117). Denn hiermit lag der berühmteste Satz des frühen Nietzsche zumindest im Kern vor: »[N]ur als *aesthetisches Phänomen* ist das Dasein und die Welt ewig *gerechtfertigt*.« (A 1, S. 47)

Als weiterer Pate dieses Gedankens ist hier Schopenhauer zu nennen. Seine Überlegungen *Zur Metaphysik des Schönen und Aesthetik* haben Wagner motiviert und ließen auch Nietzsche

Einfluss Schopenhauers

nicht unberührt, wie noch sein späterer (1887), nun allerdings (selbst-)kritischer Kommentar verdeutlicht: »Mit dieser ausserordentlichen Werthsteigerung der Musik [...] stieg mit Einem Male auch *der Musiker* selbst unerhört im Preise: [...] er redete fürderhin nicht nur Musik, [...], – er redete Metaphysik.« (A 5, S. 346) Damit war zugleich das Todesurteil gesprochen über den frühen Nietzsche, der noch jener ästhetischen Metaphysik gehuldigt und in fast schon haltloser Ekstase ausgerufen hatte: »Und gerade nur so viel ist ein Volk – und übrigens auch ein Mensch – werth, als es auf seine Erlebnisse den Stempel des Ewigen zu drücken vermag.« (A 1, S. 148) Wenn man bei einer Auslegung dieses Zitats die Vokabel ›Volk‹ ins Zentrum rückt und nicht die Vokabel ›Mensch‹, klingt das Ganze sehr nach völkischer Programmatik, so wie sie Wagner angedeutet hatte, als er 1867 seine Absicht kundtat, das »Streben der Deutschen nach einer höheren politischen Bedeutung« mittels Rekurses auf »deutsche Kunstbestrebungen« (GSD 8, S. 30 f.) zu stärken. Wagner hatte diese Überlegung zwei Jahre später seiner erstmals 1850 deutlich hervorgetretenen antisemitischen Grundausrichtung eingefügt, indem er eine durch »Einmischung der Juden« veranlasste »Schwäche und Unfähigkeit der nachbeethovenschen Periode unserer deutschen Musikproduktion« (GSD 8, S. 250) beklagte. Von hier aus erscheint dann auch die von Wagner popularisierte Figur des ›deutschen Jünglings‹ (GSD 8, S. 36) in einem fahlen Licht, ebenso wie deren Adaptation bei Nietzsche, dies verbunden mit dem Auftrag, für die »*Wiedergeburt des deutschen Mythus*« (A 1, S. 147) Sorge zu tragen, und dies in der Hoffnung, dass der deutsche Geist sich eines Tages wach finden werde, »in aller Morgenfrische eines ungeheuren Schlafes: dann wird er die Drachen tödten, die tückischen Zwerge vernichten und Brünnhilde erwecken – und Wotan's Speer selbst wird seinen Weg nicht hemmen können!« (A 1, S. 154)

Arthur Schopenhauer, 1859

Völkisches Programm

Trotz derlei (verdeckt) antisemitischer Töne kann man Nietz-

Verdeckte antisemitische Töne

sches Erstling nicht in Gänze als eine völkische Programmschrift lesen. So redet Nietzsche an einigen Stellen ›nur‹ vom Wiedergewinn »der metaphysischen Bedeutung des Lebens« (A 1, S. 148), also ohne das Attribut ›deutsch‹. Er scheint dabei getragen von dem Ziel, mittels des Rekurses auf Dionysos als

Bacchanal. Hendrik van Balen (Figuren) und Jan Brueghel d. Ä. (Landschaft), um 1620

Gott der Ekstase und als Gegenspieler des die Natur zu Ordnung und Schönheit bändigenden Apollo eine Kategorie für Fortschritts- und Vernunftkritik und eine Chiffre für eine Art neuer Empfindsamkeit resp. für das durch Wagners Schaffen ausgelöste rauschhafte Musikempfinden verfügbar zu machen. In dieser Lesart stand das Apollinische für so etwas wie die Totenstarre des Lebens. Im weiteren Fortgang macht Nietzsche Staat und Erziehung als potentiell repressive Mächte aus, unter deren Herrschaft allein der ›sokratische‹ resp. ›theoretische‹ Mensch gedeihe. Die ihn kennzeichnenden Attribute – »der ›Kritiker‹ ohne Lust und Kraft, der alexandrinische Mensch, der im Grunde Bibliothekar und Corrector ist und an Bücherstaub und Druckfehlern elend erblindet« (A 1, S. 120) – lassen an Nietzsches Lehrer Ritschl denken. Folgenreich wurde derlei Kritik um 1900 im Zuge der nun anhebenden reformpädagogischen Philologie- und Philologenkritik.

Vgl. S. 107 f.

Gegenentwurf zur ›sokratischen‹ Kultur

Nietzsches Gegenentwurf zur ›sokratischen‹ Kultur, ›tragische‹ Kultur genannt, entwickelt sich aus einer grundlegend kritischen Stellung zu Sokrates (469-399 v. Chr.) als Stammvater einer Epoche, die Vernunft und Wissenschaft zur Herrschaft zu bringen suche, keine Mythen mehr kenne und die sich insgesamt als misslungenes Unterfangen lesen lasse, »das Dasein als begreiflich und damit als gerechtfertigt erscheinen zu machen« (A 1, S. 99). So sah sich der frühe Nietzsche weniger als ein den Ideen der Aufklärung verpflichteter Jünger der Wahrheit denn als ein von Wagner ermunterter Exponent der über sich selbst zu Bewusstsein gelangten griechischen Antike. Nietzsches Programm bestand entsprechend darin, die als dionysisch gefasste ›künstlerische Kultur‹ zu stärken, um sie der apollinisch strukturierten, auf Erkenntnis, Wissenschaft und Wahrheit setzenden Gegenwart als andere, bessere Seite entgegenhalten zu können. Dahinter verbarg sich eine Art Weckruf an die eigene Generation, für welche Nietzsche im Blick auf das Gelehrtenideal des ›sokratischen‹ Menschen Freisetzung forderte, aber auch eine neue Bindung auf der Ebene der Gemeinschaft stiftenden Erhabenheit dionysischen Musikempfindens.

»Die Zeit des sokratischen Menschen ist vorüber: kränzt euch mit Epheu, nehmt den Thyrsusstab zur Hand und wundert euch nicht, wenn Tiger und Panther sich schmeichelnd zu euren Knien niederlegen. Jetzt wagt es nur, tragische Menschen zu sein: denn ihr sollt erlöst werden.« (Friedrich Nietzsche, *Die Geburt der Tragödie*; A 1, S. 132)

Derlei Emphase war dem Erfolg von Nietzsches Erstling eher abträglich. Nietzsche selbst wurde 1886 hellsichtig und urteilte: »[H]eute ist es mir ein unmögliches Buch, – ich heisse es schlecht geschrieben, schwerfällig, peinlich, bilderwüthig und bilderwirrig, gefühlsam, [...], ungleich im Tempo, ohne Willen zur logischen Sauberkeit [...].« (A 1, S. 14) Außerdem habe er sich mit der *Geburt der Tragödie* »einer Autorität und eignen Verehrung« (A 1, S. 13) – lies: Wagner – gebeugt und könne nur bedauern, dass er damals »vom ›deutschen Wesen‹ zu fabeln begann [...] – und das zu einer Zeit, wo der deutsche Geist [...] eben letztwillig und endgültig *abdankte*« (A 1, S. 20). Leider blieb dies, wie das Beispiel *Ecce homo* lehrt, nicht das letzte Wort in dieser Angelegenheit, mit der Folge, dass man sich bis auf den heutigen Tag mit letztlich nicht nachvollziehbaren positiven Wertschätzungen dieser Schrift konfrontiert sieht. Vgl. S. 94

Unzeitgemässe Betrachtungen. Zweites Stück: Vom Nutzen und Nachtheil der Historie für das Leben

Leipzig: E.W. Fritzsch 1874

Konzept ›kritischer‹ Historie

Nietzsche entwickelte in dieser zwischen Ende Oktober und Ende Dezember 1873 entstandenen Historienschrift das Konzept »kritischer« Historie, und dies im Vertrauen auf die Jugend – ein damals noch nicht lexikonfähiges Wort –, die in ihrer Besonderheit und mit ihrem eigensinnigen Potential zur Geltung gebracht wird. Wagner war begeistert (KGB II 4, S. 396), überlas aber offenbar, dass Nietzsche diesmal die Vokabel »Drachentödter« aus der *Geburt der Tragödie* (A 1, S. 119) ebenso mied wie die in ihr angelegte Anspielung auf den Siegfried-Mythos, ja mehr als dies: Auch von der notwendigen »*Wiedergeburt des deutschen Mythus*« (A 1, S. 147) ist nun nicht mehr die Rede.

Dies erklärt sich im Wesentlichen aus Nietzsches Begriff von Historie, den man in Kontrast sehen muss zur Geschichtsphilosophie Hegels und der durch sie forcierten Betrachtungsart. Dabei war es Nietzsche nicht primär um Hegel denn um dessen Wirkung zu tun, etwa nach dem Kanon: »Wer aber erst gelernt hat, vor der ›Macht der Geschichte‹ den Rücken zu krümmen und den Kopf zu beugen, der nickt zuletzt chinesenhaft-mechanisch sein ›Ja‹ zu jeder Macht, sei dies nun eine Regierung oder eine öffentliche Meinung oder eine Zahlen-Majorität.« (A 1, S. 309) Nietzsches (frühe) Verachtung der Massen klingt hier durch, verbunden mit der Forderung nach Befreiung von Herrschaft angesichts einer auf den Sinn ›an sich‹ abstellenden Geschichtsmetaphysik wie jener Hegels, die in Nietzsches Sicht nur eine in besonders grundlegender Form lähmende Variante historischer Bildung ist. Für jene gilt insoweit auch, was Nietzsche für diese sagt und als zentrale Lektion des jungen Menschen ausweist und damit zugleich an den Pranger stellt: »Jetzt weiss er es: in allen Zeiten war es anders, es kommt nicht darauf an, wie du bist.« (A 1, S. 299 f.)

Verachtung der Massen

Der Gegenentwurf ist darin bereits angelegt: Es geht Nietzsche um ein Konzept von Historie und historischer Bildung, dem die Botschaft innewohnt, dass es sehr wohl darauf ankommt, ›wie du bist‹. Ein derartiges Konzept verbirgt sich hinter dem

Ausdruck »kritische« Historie, das Nietzsche von der bereits erwähnten »antiquarischen« ebenso absetzt wie von der »monumentalischen« (beide begriffen als Verfallsformen). Harsch ist dabei vor allem Nietzsches Kritik an der letztgenannten Form von Historie, die nicht auf ein Werdendes, sondern nur auf ein Gewordenes reflektiere. Zu verachten sei vor allem die Wirkung etwa der »monumentalische[n] Künstlerhistorie« auf »die unkünstlerischen und schwachkünstlerischen Naturen«; sie würden, »geharnischt« durch die ihnen in erzieherischer Absicht vorgetragene Größe anderer, ihre Waffen richten »[g]egen ihre Erbfeinde, die starken Kunstgeister [...]. Denen wird der Weg verlegt; denen wird die Luft verfinstert.« (A 1, S. 263)

›Dreiheit‹ der Historie

Etwas anders geartet war Nietzsches Kritik an der »antiquarischen« Historie. Schon das Adjektiv, nicht minder das Wort von den »›Greise[n]‹ der Gegenwart« (A 1, S. 331), lässt an Nietzsches Mentor Friedrich Ritschl denken, ebenso wie Nietzsches Spott auf »das widrige Schauspiel einer blinden Sammelwuth, eines rastlosen Zusammenscharrens alles einmal Dagewesenen« (A 1, S. 268). In dieser Logik, so Nietzsche weiter, resultiere »keine wirkliche Bildung, sondern nur eine Art Wissen um die Bildung« (A 1, S. 273), mehr als dies: »Sie [die antiquarische Historie; d. Verf.] versteht eben allein Leben zu *bewahren*, nicht zu zeugen; deshalb unterschätzt sie immer das Werdende.« (A 1, S. 268) In verschlüsselter Form hält Nietzsche Ritschl vor, ihn, den Werdenden, unterschätzt und einen dritten Weg verkannt zu haben: eben eine »kritische« Geschichtsschreibung, die zu unterscheiden vermag, was des Gedächtnisses wert ist und was nicht und wo es nottut, im Interesse des Neuen das Bewahren und Erinnern zu begrenzen und das Vergessen in Geltung zu setzen.

Vgl. S. 17

So betrachtet steht die Historienschrift für einen Paradigmenwechsel zuungunsten von Bewusstseinsphilosophie und Kulturpädagogik und zugunsten von so etwas wie Lebensphilosophie, entsprechend dem gegen Descartes' ›cogito, ergo sum‹ geltend gemachten legendären Schlachtruf ›vivo, ergo cogito‹, auf gut Deutsch: »Schenkt mir erst Leben, dann will ich euch auch eine Cultur daraus schaffen!« (A 1, S. 329) Zutage tritt damit erstmals etwas, das in der Folge für Nietzsche dominant werden

Ein Paradigmenwechsel zu Gunsten der Lebensphilosophie

wird: die Option eines – dann auch kosmopolitisch angelegten – Begriffs kultureller Vielfalt, der erwartet wird von Menschen, die sich in ihrer eigenen Lebensführung ›monumental‹ auszulegen verstehen und nicht mehr unterjocht werden durch die kulturelle Überlieferung.

Unzeitgemässe Betrachtungen. Drittes Stück: Schopenhauer als Erzieher

Schloss-Chemnitz: Ernst Schmeitzner 1874

Nietzsche als Erzieher

Nietzsches Schopenhauer-Schrift erschien im Oktober 1874. Viele Jahre später urteilte Nietzsche über dieses Werk, ihm sei seine »innerste Geschichte«, sein »*Werden* eingeschrieben«, hier komme »im Grunde nicht ›Schopenhauer als Erzieher‹, sondern sein *Gegensatz*, ›Nietzsche als Erzieher‹, zu Worte« (A 6, S. 320). Wenn dies zutrifft, wird man diesen Text im Blick auf die in ihr sich offenbarende Suchbewegung ihres Autors hin auf sich selbst zu deuten und dabei zu beachten haben, inwieweit Nietzsche hier erstmals einen Begriff von sich als – erzieherisch ambitionierter – Philosoph gibt, und zwar unter Ratgeberschaft seines zweiten Jugendidols neben Wagner.

Vgl. S. 18

Auszugehen ist dabei von einer frühen, durchaus auch psychologisch aufschlussreichen Schopenhauer-Verehrung Nietzsches, die auf das ›Schopenhauer-Erlebnis‹ vom Herbst 1865, also auf eine persönliche Krise Nietzsches zurückweist. Inhaltlich wirkt sie in Gestalt der Frage nach, ob das Leben nicht »trost- und sinnlos« (A 1, S. 338) sei. Eine Variante dieser Klage, erkennbar forciert durch Schopenhauers Polemik *Ueber die Universitäts-Philosophie*, lässt Nietzsche angehen gegen das »lässige Einhergehen in erborgten Manieren und übergehängten Meinungen« (A 1, S. 337) am Beispiel Kant: Er »hielt an der Universität fest, unterwarf sich den Regierungen, blieb in dem Scheine eines religiösen Glaubens, ertrug es unter Collegen« – und brachte es folgerichtig nur zu einer »Professorenphilosophie«. Von dieser simplen Überlegung ausgehend, war die Gesamtrechnung rasch erstellt: »Schopenhauer macht mit den gelehrten Kasten wenig Umstände, separirt sich, erstrebt Unabhängigkeit von Staat und Gesellschaft« (A 1, S. 351) – und wurde allein deswegen zum Idol des jungen Baseler Philologieprofessors namens

Nietzsche, weil es diesen seinerzeit, krankheitshalber, danach dürstete, sich zu separieren.

Über seinen Fall hinausgedacht, rief Nietzsche dazu auf, dafür Sorge zu tragen, dass die Gegenwart von kommenden Generationen nicht »aus der Geschichte der wahrhaften Befreiung des Lebens gestrichen wird« (A 1, S. 338). Entsprechend dieser Zielsetzung ist der Fokus nun ein anderer als etwa in der *Geburt der Tragödie*: Es steht nicht mehr *das* Deutsche gegen *das* Ausländische, sondern der Topos »Bürger dieser Zeit« (A 1, S. 339) gegen den des ›Unzeitgemässen‹, dem die »Abwesenheit einer deutschen Kultur« (A 1, S. 392) zum Anlass wird, nun erstmals – so Nietzsche voller Stolz noch in *Ecce homo* – sein »*Misstrauen* gegen den deutschen Charakter« (A 6, S. 362) auszusprechen. Sein Ausgangspunkt ist dabei die Beobachtung, dass es offenbar eine universelle »Eigenschaft der Menschen« gäbe, nämlich den »Hang zur Faulheit«. Ähnlich hatte schon Kant die Sache in *Was ist Aufklärung?* (1784) gesehen, Nietzsche allerdings setzte einen anderen Akzent: »Manchen wird es dünken, er hätte richtiger und gültiger gesagt: sie [die Menschen; d. Verf.] sind alle furchtsam. Sie verstecken sich unter Sitten und Meinungen.« (A 1, S. 337) Damit hatte er seine Nähe zu Kant betont, aber auch seinen Gegensatz zu ihm angedeutet: in Gestalt jenes hier skizzierten Programms, dem zufolge die Gründe für die so zu verstehende Furchtsamkeit des Menschen genauer zu analysieren seien, und zwar in Richtung einer Menschenkunde, die in der Linie des Anti-Psychologen Kant nicht zu entwickeln war, wohl aber in der des Kant-Kritikers Schopenhauer.

»Misstrauen gegen den deutschen Charakter«

Immanuel Kant

Aber nicht nur diese Einsicht verdankte Nietzsche Schopenhauer, sondern auch jene Frage, die er in die schlichte Form bündelte: »Wie kann sich der Mensch kennen?« (A 1, S. 340) Denn schon Schopenhauer hatte in *Die Welt als Wille und Vorstellung* gegen Kant gehalten: »Wir werden überhaupt ganz und gar nicht von Sollen reden«, um zu folgern: »Unser philosophisches Bestreben kann bloß dahin gehen, das Handeln des

Menschen [...] zu deuten und zu erklären.« (SW I, S. 358 f.) Bemerkenswert ist daran, dass sich Nietzsche zu dem damit markierten Forschungsprogramm zunächst noch sehr zurückhaltend äußert und eher der Entbehrlichkeit von Menschenkunde das Wort redet, auch, weil man ja auf sein eigenes Leben zurückschauen und sich fragen könne: »[W]as hast du bis jetzt wahrhaft geliebt, was hat deine Seele hinangezogen, was hat sie beherrscht und zugleich beglückt?« Diese Fragehaltung, dieser Blick zurück und in die Tiefe – so Nietzsches gleichsam letzte Ausflucht –, sei auch deswegen entbehrlich, weil gelte: »[D]ein wahres Wesen liegt nicht tief verborgen in dir, sondern unermesslich hoch über [...] dem, was du gewöhnlich als dein Ich nimmst.« (A 1, S. 340 f.) Nietzsche ist diese Antwort in seiner weiteren Entwicklung zunehmend fraglich geworden, im Gleichklang mit seinen Erkenntnisfortschritten als Menschenkundler und Psychologe, als – wie er es 1886 im Rückblick auf *Menschliches, Allzumenschliches* formuliert – »Abenteurer und Weltumsegler jener inneren Welt, die ›Mensch‹ heisst, als Ausmesser jedes ›Höher‹ und ›Uebereinander‹, das gleichfalls ›Mensch‹ heisst« (A 2, S. 21). Erst infolge des hiermit greifenden Forschungsprogramms wird Nietzsche die Ernte einfahren, die er Schopenhauer schon 1874 hätte entnehmen können – wenn er ihn damals schon als Erzieher auch in Sachen Psychologie genutzt hätte.

»Dein wahres Wesen«

Vgl. S. 64 f.

Der Freigeist: Die mittlere Schaffensperiode (1876-1882)

Als »einzige Entschuldigung für diese Art von Litteratur, wie ich sie seit 1876 mache«, könne gelten – so Nietzsche im Juli 1882 gegenüber Erwin Rohde –, dass er einer »selbstgebraute[n] Arzenei gegen den Lebens-Überdruß« (B 6, S. 226) bedürftig gewesen sei. Als gemeinsamer Nenner jener »Arzenei« rückt die Vokabel ›Freigeist‹ ins Zentrum, mit der Konnotation: »ein *freigewordner* Geist, der von sich selbst wieder Besitz ergriffen hat« (A 6, S. 322). Folgerichtig findet sich auf dem Umschlag von *Die fröhliche Wissenschaft* der Vermerk, hiermit käme eine Reihe von Schriften zum Abschluss, die mit *Menschliches, Allzumenschliches* begonnen habe und deren gemeinsames Ziel es sei, ein – so Nietzsche schon im Juni 1882 in einem Brief an

Lou von Salomé – »neues Bild und Ideal des Freigeistes« (B 6, S. 213) aufzustellen. Dies war kritisch gemeint im Blick auf den ›alten‹ vormaligen Freigeist Wagner; und es ging einher mit der Entdeckung des Aphorismus als der sowohl seinem Anliegen als auch seinen Lebensumständen angemessenen Redeform. Nietzsche ersetzt damit die von ihm bisher – vor allem in den *Unzeitgemässen Betrachtungen* – praktizierte, auf Überzeugung des Lesers abstellende Rhetorik durch eine, die den Leser in ganz besonderer Weise als Exegeten fordert. Nietzsche wird hierzu Jahre später erläuternd nachtragen: »In Aphorismenbüchern gleich den meinigen stehen zwischen und hinter kurzen Aphorismen lauter verbotene lange Dinge und Gedanken-Ketten.« (A 11, S. 579) Damit hatte Nietzsche den aktiven Interpreten eingeklagt, der als Rätsel-Löser aufzutreten vermag. Inhaltlich gesehen geschieht dies zunächst anhand einer Thematik, die Nietzsche bisher nur am Rande interessiert hatte: »die psychologische Beobachtung« (A 2, S. 57).

Die Entdeckung des Aphorismus

Menschliches, Allzumenschliches. Ein Buch für freie Geister

Chemnitz: Ernst Schmeitzner, 1878

Dieses Gründungsmanifest der Freigeist-Epoche, das Nietzsche mit einer Widmung an Voltaire versah, verdankt vieles der – damals noch ungetrübten – Freundschaft mit Paul Rée. Nietzsche würdigte ihn denn auch zu Anfang dieser Aphorismensammlung als einen »der kühnsten und kältesten Denker«, dem er die Einsicht verdanke, dass der moralische Mensch der metaphysischen Welt nicht näherstünde als der physische Mensch – ein Satz, der vielleicht einmal als Axt dienen könne, »welche dem ›metaphysischen Bedürfniss‹ der Menschen an die Wurzel gelegt wird« (A 2, S. 61). Schon dies zeigt: *Menschliches, Allzumenschliches* wurde im Geist der Aufklärung mit primär antimetaphysischer Zielsetzung erstellt.

Vgl. S. 31

Zur Disposition stehen dabei natürlich vor allem Wagner – im veröffentlichten Text meist nur unter der Chiffre ›Künstler‹ auftretend – und dessen Kunstmetaphysik, aber damit auch Nietzsches frühe bildungselitäre Haltung und das ihr korrespondierende Vertrauen auf den Rückgewinn einer deutschen Leitkultur.

Kosmopolit

Ersatzweise spricht Nietzsche, sich nun zunehmend als Kosmopolit gebärdend, von der »Polyphonie der Bestrebungen« und von »Culturen« (A 2, S. 44), mehr als dies: Derjenige, der »in dem Glauben hängen bleibt, in dessen Netz er sich zuerst verfieng« – und der insoweit »ein Vertreter *zurückgebliebener* Culturen« sei –, wird mit Attributen wie »hart, unverständig, unbelehrbar, ohne Milde« (A 2, S. 358) belegt.

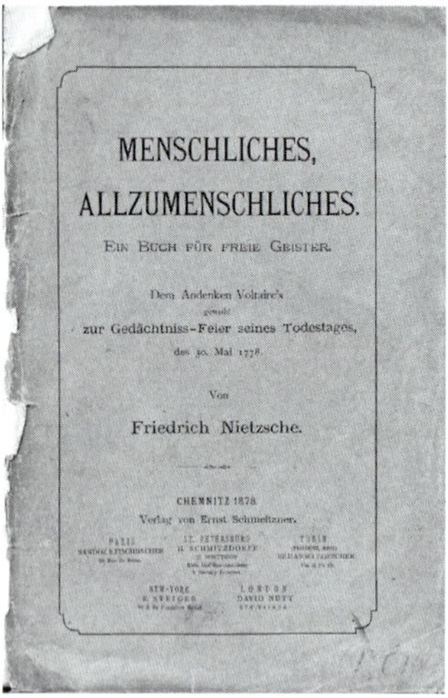

MENSCHLICHES,
ALLZUMENSCHLICHES.
Ein Buch für freie Geister.
Dem Andenken Voltaire's
geweiht
zur Gedächtniss-Feier seines Todestages,
des 30. Mai 1778.
Von
Friedrich Nietzsche.
CHEMNITZ 1878.
Verlag von Ernst Schmeitzner.

Titel der Erstausgabe von *Menschliches, Allzumenschliches* mit der Widmung an Voltaire, 1878

In diesen Kontext gehört auch die in der politischen Gegenwartsdebatte vielbeachtete Denkfigur des ›guten Europäers‹ (NL, S. 153 f.). Nietzsche entwickelt sie, erkennbar im Gegenzug zu Wagner, mit dem Argument, es sei im Interesse der »Vernichtung der Nationen« (neudeutsch gesprochen: der europäischen Einigung), dass die Deutschen »sich nur ungescheut als *gute Europäer* ausgeben und durch die That an der Verschmelzung der Nationen arbeiten«. Des Weiteren wird angedeutet – mit kritischem Seitenblick auf Wagners Antisemitismus, den der frühe Nietzsche durchaus teilte –, dass diese Denkfigur möglicherweise sogar den Antisemitismus besiegen helfe, da »das ganze Problem der *Juden* [...] nur innerhalb der nationalen Staaten vorhanden« sei, »insofern hier überall ihre Thatkräftigkeit und höhere Intelligenz [...] in einem neid- und hasserweckenden Maasse zum Uebergewicht kommen muss« (A 2, S. 309 f.).

Nicht minder grundlegend ist der Wandel in Nietzsches Philosophie- bzw. Wissenschaftsverständnis. Eine deutliche Sprache spricht hier die Zusammenfassung zu *Menschliches, Allzu-*

»Ein Irrthum nach dem andern wird gelassen aufs Eis gelegt, das Ideal wird nicht widerlegt – *es erfriert* ... Hier zum Beispiel erfriert ›das Genie‹; eine *Ecke* weiter erfriert ›der Heilige‹; unter einem dicken Eiszapfen erfriert ›der Held‹; am Schluss erfriert ›der Glaube‹, die sogenannte ›Überzeugung‹, auch das ›Mitleiden‹ kühlt sich bedeutend ab – fast überall erfriert ›das Ding an sich‹ ...« (Friedrich Nietzsche, *Ecce homo: Menschliches, Allzumenschliches*; A 6, S. 323) *menschliches* aus *Ecce homo*, aber auch der erste Aphorismus jenes Werkes: Nietzsche kritisiert hier die »metaphysische Philosophie [...], insofern sie die Entstehung des Einen aus dem Andern leugnete und für die höher gewertheten Dinge einen Wunder-Ursprung annahm, unmittelbar aus dem Kern und Wesen des ›Dinges an sich‹ heraus«. Ersatzweise und gegen Schopenhauer (vgl. Heller 1972, S. 213) lobt Nietzsche eine noch zu entwickelnde »historische Philosophie«, in deren Logik sich sowohl »im Gross- und Kleinverkehr der Cultur und Gesellschaft« als auch »in der Einsamkeit an uns« noch zeigen werde, dass auch auf dem Gebiet der Kultur und Gesellschaft, ähnlich wie in der Chemie, »die herrlichsten Farben aus niedrigen, ja verachteten Stoffen gewonnen sind« (A 2, S. 23 f.). Was sich hier anbahnt, ist der Durchbruch hin zu einer anti-metaphysischen »historische[n] Philosophie« (A 2, S. 22), die mit den von Wagner oder Schopenhauer überlieferten Vorstellungskomplexen und Programmatiken nur noch im (ideologie-)kritischen Gestus dessen verfährt, der einen Paradigmenwechsel beabsichtigt und ihn als notwendig sowie unhintergehbar zu beglaubigen sucht.

Menschliches, Allzumenschliches. Ein Buch für freie Geister. Anhang: Vermischte Meinungen und Sprüche

Chemnitz: Ernst Schmeitzner, 1879

Der Wanderer und sein Schatten

Chemnitz: Ernst Schmeitzner, 1880

Beide Aphorismensammlungen – die erste erschien im März, die zweite im Dezember 1879 (mit Erscheinungsdatum 1880) – wurden 1886, versehen mit einer neuen Vorrede, als *Menschliches, Allzumenschliches II* neu aufgelegt und führen das antimetaphysische Programm aus *Menschliches, Allzumenschliches* fort. Der Sache nach geht es auch, unter dem 1886 nachgereichten Stichwort »Fortsetzung und Verdoppelung einer geistigen Kur« (A 2, S. 371), um die Weiterführung von Nietzsches Wagner-Überwindung und entsprechend um (zumeist verklausulierte) Kritik an dem früheren Idol. Dies gilt etwa dort, wo Nietzsche die Tendenz der Völker, »noch mehr national« werden zu

> »*Alles* Andere muss uns näher stehen, als Das, was man uns bisher als das Wichtigste vorgepredigt hat: ich meine jene Fragen: wozu der Mensch? Welches Loos hat er nach dem Tode? Wie versöhnt er sich mit Gott? und wie diese Curiosa lauten mögen [...]. Wir müssen wieder *gute Nachbarn der nächsten Dinge* werden.« (Friedrich Nietzsche, *Der Wanderer und sein Schatten*; A 2, S. 550 f.)

Wagner: ein »Feind der guten Europäer, ein Feind der freien Geister«

wollen, als »Krankheit dieses Jahrhunderts« geißelt, um anzufügen, wer so denke – und Wagner dachte so –, sei »ein Feind der guten Europäer, ein Feind der freien Geister« (A 2, S. 593). Gelegentlich findet Wagner nun auch, anders als in *Menschliches, Allzumenschliches*, namentlich Erwähnung. So kanzelt ihn Nietzsche beispielsweise mit dem Urteil ab, seine Art der »Aneignung der altheimischen Sagen« stünde für »den *allerletzten* Kriegs- und Reactionszug [...] gegen den Geist der Aufklärung« (A 2, S. 451). Natürlich ist dies im Rückblick auf Nietzsches eigene Teilhabe an diesem Kriegszug auch selbstkritisch zu lesen. Dies gilt auch, wenn Nietzsche deutlich macht, dass »der Zusammen- und Fortklang alles Men[s]chlichen [...] eben so sehr das Werk von Cyklopen und Ameisen als von Genie's« (A 2, S. 461 f.) sei. Denn immerhin hatte Nietzsche in seinem Weihnachten 1872 Cosima Wagner vermachten Pamphlet *Der griechische Staat* noch das glatte Gegenteil behauptet, also das Hohe Lied auf das Genie angestimmt.

Psychologie des Traums

Jenseits dieses Themenkomplexes ragen Beiträge zur Psychologie hervor, auch – unter Auswertung einschlägiger zeitgenössischer Literatur (NL, S. 376 f.) – solche zur Psychologie des Traums, mit der Pointe: »Unsere Träume sind, wenn sie einmal ausnahmsweise gelingen und vollkommen werden [...], symbolische Scenen- und Bilder-Ketten an Stelle einer erzählenden Dichter-Sprache.« (A 2, S. 639) In der Summe zielte Nietzsche mit der Herausstellung derartiger Sachverhalte auf Infragestellung des Glaubens an die »*Willens-Freiheit*« und der daraus entspringenden »Grundempfindung [...], dass der Mensch der Freie in der Welt der Unfreiheit sei, der ewige *Wunderthäter*« (A 2, S. 547 f.). Das Gegenteil sei richtig: Des einen Unfreiheit werde durch Erziehung bewirkt, des anderen Unfreiheit erkläre

Willensfreiheit

sich aus Temperament oder Charakter (A 2, S. 545). Insoweit gilt, dass der Mensch sich zwar nach Freiheit sehnen mag, aber zunächst einmal in vielfältiger Hinsicht gebunden ist. Die Lehre von der Willensfreiheit hilft hier nicht weiter. Sie nämlich – so müssen wir Nietzsche verstehen – sei Metaphysik, solange sie unbesorgt bleibt um die der einzelwissenschaftlichen Forschung harrenden psychologischen Abgründe, welche sich in der menschlich-allzumenschlichen Umdeutung des den Menschen Notwendigen in ein von ihm Gewolltes offenbaren.

Morgenröthe. Gedanken über die moralischen Vorurtheile

Chemnitz: Ernst Schmeitzner, 1881

Diese Schrift, im Juli 1881 erschienen, markiert einen ersten Höhepunkt in Nietzsches Schaffen. Geht man von *Menschliches, Allzumenschliches* aus, überrascht nicht, dass Nietzsche auch in *Morgenröthe* als Psychologe auftritt und beispielsweise über

> »In Allem wollt ihr verantwortlich sein! Nur nicht für eure Träume! Welche elende Schwächlichkeit, welcher Mangel an folgerichtigem Muthe! Nichts ist *mehr* euer Eigen, als eure Träume! Nichts mehr *euer* Werk! Stoff, Form, Dauer, Schauspieler, Zuschauer, – in diesen Komödien seid ihr Alles ihr selber!« (Friedrich Nietzsche, *Morgenröthe*; A 3, S. 117)

den Traum nachdenkt, auch über das Ich, in welchem er keine Tatsache mehr zu sehen vermag, sondern nichts weiter als das Resultat »*[u]nsere[r] Meinung über uns*« (A 3, S. 108), um unter dem Titel *Zur Beruhigung des Skeptikers*, den der Zweifel umtreibt, ob er wisse, was er tue, und wissen könne, was er tun soll, nachzutragen: »Du hast Recht, aber zweifle nicht daran: *du wirst gethan!* in jedem Augenblicke! Die Menschheit hat zu allen Zeiten das Activum und das Passivum verwechselt, es ist ihr ewiger grammatikalischer Schnitzer.« (A 3, S. 115) Damit ist das Ich endgültig hinfällig, erdrückt vom Passivum, also: vom Es (NL, S. 101 f.).

Vom Ich zum Es

Die Konsequenz, zumindest als Frage formuliert, bleibt nicht aus: Ist »all unser sogenanntes Bewusstsein ein mehr oder weniger phantastischer Commentar über einen ungewussten, vielleicht unwissbaren, aber gefühlten Text?« (A 3, S. 113) Freud wird diese Frage später bejahen. Von Freud stammt auch ein Satz, der sich so ähnlich schon bei Nietzsche findet: »Dass es ein Vergessen giebt, ist noch nicht bewiesen; was wir wissen, ist allein, dass die Wiedererinnerung nicht in unserer Macht steht.« Dies freilich, so Nietzsche weiter, bezeichne möglicherweise nur eine »Lücke unseres *Wissens um unsere Macht*« (A 3, S. 117). Psychologisch subtil ist auch Nietzsches Maxime, dass die »Leidenschaften [...] böse und tückisch [werden], wenn sie böse und tückisch betrachtet werden« (A 3, S. 73). Das Unheil gründet also nicht in den Tatsachen, sondern in den Interpretationen und Interpreten. Dies war Grund genug für Nietzsche, den Spieß umzudrehen, also »entferntere Zwecke unter Umständen *auch durch das Leid des Anderen* zu fördern«, sprich: durch seine »Freigeisterei« insbesondere seine eigenen »Nächsten« in »Zweifel, Kummer und Schlimmeres« (A 3, S. 137) zu werfen. Kritik wie diese, auch biographisch aufschlussreich, zielte darauf, das epigonal-philisterhafte 19. Jahrhundert wieder in einen der das Neue ermöglichenden »ursprünglichen Zustände der Menschheit« (A 3, S. 22) zu versetzen. Zu diesem Zweck forderte Nietzsche, die »Verunglimpfung« zurückzunehmen, »mit der die Menschen alle Jene bedacht haben, welche durch die *That* den Bann einer Sitte durchbrachen, – im Allgemeinen heissen sie Verbrecher« (A 3, S. 33).

Alles eine Sache der Interpretation

Der Verbrecher als Brecher

Insgesamt steht *Morgenröthe* für die konsequente, nun auch um stärker anti-christliche Akzente bereicherte Fortführung der anti-metaphysischen Programmatik, wie sie Nietzsche seit *Menschliches, Allzumenschliches* umtreibt. Erstaunlich ist vor allem das Ausmaß, in welchem Nietzsche zentrale Programmformeln der Psychoanalyse Freuds vorwegnimmt. Dies betrifft sogar jene Entthronung des Ich, die sich Freud später, der Schriften Nietzsches nach eigener Angabe unkundig, als sein spezifisches Verdienst zurechnen und mit dem Siegel versehen sollte, es handele sich hierbei um eine Art ›kopernikanische Wende‹.

Die fröhliche Wissenschaft

Chemnitz: Ernst Schmeitzner, 1882

Nietzsches Aphorismensammlung *Die fröhliche Wissenschaft* erschien im August 1882. Giorgio Colli gilt sie als »Nietzsches gelungenster Versuch philosophischer Mitteilung« (A 3, S. 660). Ein im Juni 1887 nachgereichtes fünftes Buch mit dem Titel *Wir Furchtlosen* war zunächst als Anhang zu *Jenseits von Gut und Böse* geplant und wird gesondert betrachtet. Nietzsche hatte *Die fröhliche Wissenschaft* noch im Dezember 1881 als »Fortsetzung« (B 6, S. 150) zur *Morgenröthe* geplant. Doch während der Arbeit am letzten (vierten) Buch verschoben sich die Akzente deutlich in Richtung der nun allmählich Kontur gewinnenden Dichtung *Also sprach Zarathustra*. Äußeres Anzeichen dafür ist der letzte Aphorismus (Nr. 342) von *Die fröhliche Wissenschaft*, der mit fast denselben Worten endet, mit denen Nietzsche nur ein Jahr später den *Zarathustra* eröffnen wird. Ähnliches gilt für den vorletzten Aphorismus (Nr. 341), in welchem Nietzsche erstmals den für die »Grundconception« (A 6, S. 335) des *Zarathustra* zentralen Wiederkunftsgedanken vorträgt. Er wird allerdings nur verständlich, wenn man vorab die Bedingungen erläutert, die ihn erfordern.

Hierzu gehört zuallererst der Tod Gottes, gleichfalls ein zentrales Axiom des *Zarathustra*, das schon in *Die fröhliche Wissenschaft* erstmals exponiert wird. Zu denken ist vor allem an Aphorismus 125: Der »tolle« (= als verrückt geltende) Mensch tritt hier in der Rolle des Zarathustra auf und markiert erstmals einige der Fragen, um die es auch Nietzsche in der Folge

> »Habt ihr nicht von jenem tollen Menschen gehört, der am hellen Vormittage eine Laterne anzündete, auf den Markt lief und unaufhörlich schrie: ›Ich suche Gott! Ich suche Gott!‹ – Da dort gerade Viele von denen zusammen standen, welche nicht an Gott glaubten, so erregte er ein großes Gelächter [...]. Der tolle Mensch sprang mitten unter sie und durchbohrte sie mit seinen Blicken. ›Wohin ist Gott?‹ rief er, ›ich will es euch sagen! *Wir haben ihn getödtet*, – ihr und ich! Wir alle sind seine Mörder!‹«
> (Friedrich Nietzsche, *Die fröhliche Wissenschaft*; A 3, S. 480 f.)

immer wieder gehen wird. Dabei ist das Beharren auf neuer Sinngebung auch in einer »Ordnung der Dinge« ohne Gott (A 9, S. 651) auffällig, ebenso wie der Zweifel, ob der Gottesmörder Mensch dafür noch der richtige Ansprechpartner sei: »Ist nicht die Grösse dieser That zu gross für uns? Müssen wir nicht selber zu Göttern werden, um nur ihrer würdig zu erscheinen?« (A 3, S. 481) Die Frage ist rhetorischer Natur – und spricht die Idee einer nach dem Tod Gottes unabweisbar an den Menschen herantretenden Nötigung aus, »selber, wie Gott, gegen alle Dinge gerecht, sonnenhaft [zu] sein und sie immer neu [zu] schaffen« (A 9, S. 591). In diesem Kontext begegnet dem Leser auch erstmals – in Aphorismus 143 – der Ausdruck »Übermensch«, und dies dahingehend, dass der Mensch als »Vorübung zur Rechtfertigung« der ihm nun, nach dem Tod Gottes, abzuverlangenden »Selbstsucht und Selbstherrlichkeit« lernen müsse, sich selber »Freiheit« zu geben »gegen Gesetze und Sitten und Nachbarn« (A 3, S. 490).

Eine »Ordnung der Dinge« ohne Gott

Der Übermensch

Es entspricht diesem Freiheits- und Freisetzungsprogramm, dass Nietzsche nun auch seinen Kampf für das Neue aus *Morgenröthe* wieder aufnimmt und beispielsweise die »Welt des Irrsinnigen« rehabilitiert, die sich von der Welt der »Freunde ›des gesunden Menschenverstandes‹« nur sukzessiv unterscheide. Nicht zwischen Wahrheit und Irrsinn sei zu trennen, sondern zwischen differenten Graden in der »Allgemeinheit und Allverbindlichkeit eines Glaubens«, im Fall der Nicht-Irrsinnigen also: des Glaubens an die Wahrheit. Durch diese Irritation der »Gläubigen des grossen Gesammtglaubens« (an Wahrheit, aber auch an Gewissheit, Vernunft etc.) will Nietzsche Platz schaffen für »die Ausnahme und die Gefahr« (A 3, S. 431 f.) und deren Entdeckung bzw. Entdeckbarkeit. Die zentrale Losung

Vgl. S. 68

> »Erwägt man, wie auf jeden Einzelnen eine philosophische Gesammt-Rechtfertigung seiner Art, zu leben und zu denken, wirkt, [...] so ruft man zuletzt verlangend aus: oh dass doch viele solche neuen Sonnen noch geschaffen würden! Auch der Böse, auch der Unglückliche, auch der Ausnahme-Mensch soll seine Philosophie, sein gutes Recht, seinen Sonnenschein haben!« (Friedrich Nietzsche, *Die fröhliche Wissenschaft*; A 3, S. 529)

an die Adresse der Philosophen lautete in diesem Kontext: »Schickt eure Schiffe in unerforschte Meere!« (A 3, S. 526) Im Ergebnis erwartete Nietzsche eine »andere Welt« (A 3, S. 530), auch eine des Wissens, die eine begründende Theorie der Lebens- und Denkart des Bösen resp. dessen, der für das Neue steht (NL, S. 55 f.), abzuwerfen vermag. Und dafür bedarf es zuerst »neue[r] Philosophen« (A 3, S. 530), über deren Leistungsprofil er in Aphorismus 115 Kunde gibt. Dem zufolge wollte Nietzsche den Menschen durch die Wissenschaft vollständig beschrieben haben, basierend auf der Kenntnis realer, nicht-erdichteter Eigenschaften; er wollte ihn seinem Tier- und Naturhaften nach bestimmt sehen; und schließlich wollte er ihn seiner wertsetzenden Kompetenz nach zur Geltung gebracht wissen, und zwar im Gegenzug zur Passivierung des Menschen im Gefolge ihn normierender Morallehren. Dies verdient durchaus den Titel eines sowohl psychologisch als auch anthropologisch als auch praktisch-philosophisch angelegten Projekts einer umfassend angelegten Humanwissenschaft. Spannend ist dabei, dass dieses Projekt die Forderung nach konsequenter Selbstbeobachtung einschloss, der Devise folgend: »Wir selber wollen unsere Experimente und Versuchs-Thiere sein«. (A 3, S. 551)

Neue Philosophen

Dies nun gilt auch für den zunächst beiseitegesetzten Gedanken der ewigen Wiederkunft. Denn auch dieser Gedanke, der Gottes Tod voraussetzt, bedarf jener Selbstbeobachtung. Dies zeigt schon Nietzsches Bemerkung gegenüber Georg Brandes, die vom Bergprediger verbotene – dem Wiederkunftsgedanken allerdings inhärente – »Sorge ›um den andern Tag‹« sei zwar möglicherweise »unchristlich«, aber »im höchsten Grade philosophisch« (B 8, S. 318). In der Umkehrung folgt daraus: Durch die neutestamentliche Botschaft habe »eine Theologie statt einer Praxis, ein ›Glaube‹ statt einer Lebensweise« (A 13, S. 178) Platz gegriffen, mit der Folge – so Nietzsche in *Antichrist*, auf *Die fröhliche Wissenschaft* anspielend –, dass dem Leben das »Schwergewicht« (A 6, S. 217) genommen sei. Diese Vokabel verweist auf den Umstand, dass Nietzsche den Gedanken der ewigen Wiederkunft ursprünglich unter dem Titel *Das grösste Schwergewicht* eingeführt hatte. Terminologisch wollte er auf diese Weise suggerieren, dieser Gedanke werde den Menschen

Ewige Wiederkunft

nötigen, seine Aufmerksamkeit wieder auf seine ›Praxis‹ und seine ›Lebensweise‹ zu konzentrieren.

»Nicht nach fernen unbekannten Seligkeiten und *Segnungen* und *Begnadigungen* ausschauen, sondern so leben, daß wir nochmals leben wollen und in Ewigkeit *so* leben wollen! – Unsere Aufgabe tritt in jedem Augenblick an uns heran.« (Friedrich Nietzsche, *Nachgelassene Fragmente*, Frühjahr – Herbst 1881; A 9, S. 503)

Nietzsches Gebrauch des Gedankens der ewigen Wiederkunft erfolgte also primär in kritischer Absicht – kritisch auch jenen gegenüber, deren Lebensführung Zeugnis dafür gibt, dass diese sich besser nicht jeden Tag in genau dieser Weise wiederholen möge. Nietzsche intendierte offenbar eine ethische Formel zur Beglaubigung eines vollkommenen Lebens (und Handelns). Interessant ist dabei, dass er diese Beglaubigung, anders als Kant, nicht in gleichsam horizontaler Perspektive erwartete, im Blick auf die Maximen derer, auf die sich die anderen im Sinne eines höheren Gesetzgebungsverfahrens geeinigt haben oder auf die hin sie sich jedenfalls doch aller Vernunft nach zu einigen hätten. Er erwartete diese Beglaubigung vielmehr vom Handlungsträger selbst und als Effekt einer kritischen Selbstreflexion, also im gleichsam vertikalen Bezug einer zur Vollendung gebrachten Bildungsgeschichte.
Die fröhliche Wissenschaft ist also ein bedeutendes Buch – aber nicht so sehr, weil es den Wiederkunftsgedanken und die Diagnose vom Tod Gottes einführt. Wichtiger scheint, dass Nietzsche hier den Bildungsbedingungen der »vorbereitenden« Menschen nachspürt, derer es in einer Ordnung der Dinge ohne Gott bedarf und die, zusammen mit jenen »neuen Philosophen«, einem neuen Zeitalter vorzuarbeiten haben, »das den Heroismus in die Erkenntniss trägt« (A 3, S. 526).

»Ich bin Dynamit«: Das Spätwerk (1883-1888/89)

Im April 1884 teilte Nietzsche Franz Overbeck seinen Entschluss mit, »die nächsten fünf Jahre zur Ausarbeitung meiner ›Philosophie‹ zu verwenden, für welche ich mir, durch meinen Zarathustra, eine Vorhalle gebaut habe.« So gesehen gibt es gute Gründe, gemeinsam mit Nietzsche eine weitere, dritte, mit dem *Zarathustra* anhebende Werkphase zu unterscheiden. Allerdings ergänzte Nietzsche noch: »Beim Durchlesen von ›Morgenröthe‹ und ›fröhlicher Wissenschaft‹ fand ich übrigens, daß darin fast keine Zeile steht, die nicht als Einleitung, Vorbereitung und Commentar zu genanntem Zarathustra dienen kann.« (B 6, S. 496) Nimmt man hinzu, dass Nietzsche das Erscheinen von *Jenseits von Gut und Böse* (1886) mit der Hoffnung verknüpfte, dass es »ein paar erhellende Lichter auf meinen Zarathustra zu werfen« vermag (B 7, S. 223), wird beides klar: die Zentralstellung des *Zarathustra* für die Bestimmung dessen, was das Wort vom ›späten‹ Nietzsche meint; aber eben auch, dass sich in jenen zwei genannten Werken aus der mittleren Phase bereits das Spätwerk andeutet, dies allerdings mit der Einschränkung eines überraschenden, grundlegenden Wechsels der Erzählform, dem zuzurechnen ist, dass – so Nietzsche rückblickend – »der Scharfsinn von zwei Jahrtausenden [...] nicht ausgereicht [hätte], zu errathen, dass der Verfasser von ›Menschliches, Allzumenschliches‹ der Visionär des Zarathustra ist...« (A 6, S. 287).

Also sprach Zarathustra. Ein Buch für Alle und Keinen

Chemnitz: Ernst Schmeitzner, 1883. Teil II (1883), Teil III (1884) Leipzig: C. G. Naumann. Teil IV (Privatdruck, 1885)

Die Resonanz auf Nietzsches Hauptwerk, von Nietzsche noch im Februar 1884 mit dem Euphemismus bedacht, er habe hier »die deutsche Sprache zu ihrer Vollendung gebracht« (B 6, S. 479), war niederschmetternd. Der um 1900 einsetzende Erfolg kam für den Verfasser zu spät; und er war mitunter fragwürdig, wie die von Nietzsches Schwester Elisabeth Förster-Nietzsche forcierte Karriere der Kriegsausgabe des *Zarathustra* – mit von ihr ausgewählten *Nietzsche-Worten[n] für Krieg und Frieden* – offenbart.

Der Misserfolg hatte auch mit der ungewohnten Form zu tun: »Es ist eine ›Dichtung‹« (B 6, S. 327), hatte Nietzsche seinen Verleger warnend wissen lassen. Dabei hatte er freilich nicht erwähnt, dass der Leser sich auf eine verquere, versponnene Erzählung gefasst machen muss, auf verfremdete Zitate (insbe-

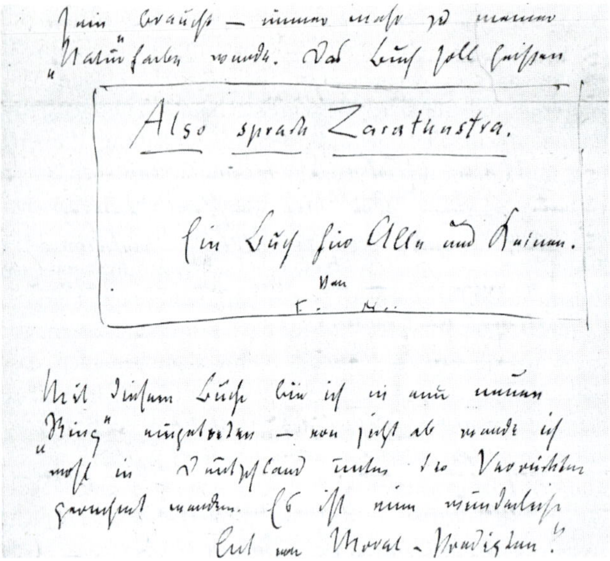
ein Brauch – immer mehr zu meinem „Naturfarben" wurde. Das Buch soll heißen

Also sprach Zarathustra.

Ein Buch für Alle und Keinen.

von

F. N.

Mit diesem Buche bin ich in einen neuen „Ring" eingetreten – von jetzt ab werde ich wohl in Deutschland unter die Verrückten gerechnet werden. Es ist eine wunderliche Art von Moral-Predigten!"

Titelentwurf zu *Also sprach Zarathustra* in einem Brief an Peter Gast, 1. Februar 1883

sondere aus der Bibel), Wortspiele und -verschiebungen, auf parodistische Einlagen und schwer zu deutende Rätsel, Träume, Symbole und Metaphern, auf zahllose Tiere, auf Handlungsträger, die meist unter Masken auftreten und in der Regel eine Sprache benutzen, die ungewohnt und fremdartig war.

Der Titelheld Zarathustra geht auf den altiranischen Religionsstifter Zoroaster zurück. Nietzsche suchte in ihm eine Leitfigur für seine Absicht, »Geschichte im Ganzen Großen« zu denken und gleichfalls ein »Reich von tausend Jahren« (A 11, S. 53) zu begründen, um dieses gegen das Reich Gottes zu setzen. So gesehen ist *Zarathustra* Nietzsches »Bibel der Zukunft« (B 8, S. 492), mit welcher ihr Verfasser »die Geschichte der Menschheit in zwei Hälften« (B 6, S. 485) spalten wollte: in eine *vor* und in eine *nach* Nietzsche.

Bibel der Zukunft

Dieser kaum überbietbaren Ambition entspricht die Vorrede von *Zarathustra I*, in welcher Zarathustra – mit deutlicher Jesus-Analogie – eingeführt wird und den Tod Gottes sowie die Lehre vom Übermenschen erläutert. Als dessen Gegenpart gilt der »letzte Mensch«, für den Zarathustra nur Verachtung übrig hat.

Der letzte Mensch als Anti-Übermensch

»Es ist an der Zeit, dass der Mensch sich sein Ziel stecke. Es ist an der Zeit, dass der Mensch den Keim seiner höchsten Hoffnung pflanze. [...] Wehe! Es kommt die Zeit, wo der Mensch keinen Stern mehr gebären wird. Wehe! Es kommt die Zeit des verächtlichsten Menschen, der sich selber nicht mehr verachten kann.« (Friedrich Nietzsche, *Also sprach Zarathustra*; A 4, S. 19)

Erfolgreich ist Zarathustra mit dieser Botschaft nicht, mit der Folge, dass er sich in Zukunft weniger als Lehrer versteht denn als Psychologe. Die entscheidende Weichenstellung in dieser Richtung erfolgt in der Rede *Von den Verächtern des Leibes*, ausgehend von der Setzung: »Leib bin ich ganz und gar und Nichts ausserdem« und der nachfolgenden Erläuterung: »›Ich‹ sagst du und bist stolz auf diess Wort. Aber das Grössere ist, woran du nicht glauben willst, – dein Leib und seine grosse Vernunft: die sagt nicht Ich, aber thut Ich.« (A 4, S. 39) Damit führt Zarathustra eine vergleichbare Überlegung aus *Morgenröthe* weiter – und gibt in der Folge einige Lehrproben für eine entsprechend psychologisch geschärfte Aufklärung, die auch in *Zarathustra II* wiederaufgenommen wird, etwa wenn Zarathustra sich das Studium des Menschen unter Konzentration auf das ›Tierhafte‹ zur Aufgabe macht. Das Ergebnis ist niederschmetternd und biographisch aufschlussreich: »Fremd sind mir und ein Spott die Gegenwärtigen [...]; und vertrieben bin ich aus Vater- und Mutterländern.« (A 4, S. 155) Damit ist eines klar: Das Land der Bildung ist abgebrannt, der Versuch, eine deutsche Leitkultur im Geiste Wagners und im Sinne des ›frühen‹ Nietzsche aufbauen zu wollen, ist zum Scheitern verurteilt. Ein kompletter Neuanfang ist notwendig. Entsprechend demaskiert Zarathustra nacheinander die ›Mitleidigen‹, die ›Priester‹, die ›Tugendhaften‹, das ›Gesindel‹ und schließlich die ›Prediger der *Gleichheit*‹, denen er Rachsucht anlastet und die Vermummung der »heimlichsten Tyrannen-Gelüste [...] in Tugend-Worte« (A 4, S. 128 f.),

Kriegsausgabe von *Also sprach Zarathustra*, Kröner Verlag 1918

aber vor allem: denen er vorhält, dass der Übermensch unter dem Regiment der von ihnen verfochtenen (christlichen) Idee der Gleichheit gar nicht real werden kann.

Diese Ideologiekritik treibt Zarathustra auch im dritten Teil des Werkes weiter, etwa in Gestalt des Spotts auf das »Fliegen-Glück« (A 4, S. 214). Die Argumentationshaltung, die Zarathustra hier offenbart, ist (erneut) die des Psychologen, der das »andere Meer« vor sich ausgebreitet sieht und spricht: »Die Nacht aber war kalt in dieser Höhe und klar und hellgestirnt.« (A 4, S. 195) Die Vokabel ›hellgestirnt‹ spielt auf Kants *Kritik der praktischen Vernunft* an. Im Gegensatz zu Kant wird Zarathustra

> »Zwei Dinge erfüllen das Gemüt mit immer neuer und zunehmenden Bewunderung, je öfter und anhaltender sich das Nachdenken damit beschäftigt: *Der bestirnte Himmel über mir, und das moralische Gesetz in mir.*« (Immanuel Kant, *Kritik der praktischen Vernunft*, Beschluss. 1. Satz)

jedoch keines moralischen Gesetzes habhaft, sondern sichtet lediglich die »schwarze traurige See unter mir«, die »schwangere nächtliche Verdrossenheit« (A 4, S. 195) des Meeres, also die in derlei Metaphern sich aussprechende Notwendigkeit der psychologischen Erforschung der Nacht- und Schattenseite des Menschen anstelle einer (so bei Kant) bloßen Setzung des diesem verfügbaren moralischen Vermögens. Von diesem Forschungsprogramm erwartete Zarathustra offenbar eine belehrende, beispielgebende Wirkung auch für jene, die er als seine ›Gefährten‹ und ›Mitschaffenden‹ in Aussicht nimmt, insofern er ihnen in der übernächsten Rede abverlangt, dass am »Meer [...] ein Jeder einmal seine Tag- und Nachtwachen haben [soll], zu *seiner* Prüfung und Erkenntniss« (A 4, S. 204).

Die Nacht- und Schattenseite des Menschen

Auch im vierten Teil des Werkes, von der Nietzsche-Forschung eher als randständig behandelt, obgleich Nietzsche hierin eine »Geheim-Thür [...] zu ›mir‹« (B 8, S. 228) sah, gebärdet sich Zarathustra als »Zieher, Züchter und Zuchtmeister«, der von psychologischem Wissen angetrieben wird, diesmal in der Absicht, »unser grosses fernes Menschen-Reich« zu begründen, »das Zarathustra-Reich von tausend Jahren« (A 4, S. 296 ff.), mit ihm selbst als König (A 4, S. 303). Im Vergleich zu den ers-

Zarathustra als »Zieher, Züchter und Zuchtmeister«

ten drei Büchern von *Also sprach Zarathustra* ist das vierte eine Art Metatext, in dessen erstem Teil sich Zarathustra auf die Suche nach den ›höheren Menschen‹ (als Vorstufe des Übermenschen) begibt. Im zweiten Teil (beginnend ab Rede 11) unterzieht er die Kandidaten einem Examen, das als bitterböse Persiflage auf das Letzte Abendmahl angelegt ist, mit Zarathustra als Gastgeber, der noch einmal seinen ›neuen Glauben‹ erläutert. Im Ergebnis allerdings ist Zarathustra unzufrieden und jagt die ›höheren Menschen‹ am Ende als ungeeignet zum Übermenschen davon – und damit auch das darauf bezügliche Mitleid, will sagen: Der Kreis der ewigen Wiederkunft ist nun durchbrochen, Zarathustra, der Erzieher, hört auf zu existieren. Ersatzweise beglaubigt Zarathustra am Ende seine gelungene Selbsterziehung hin zum Übermenschen.

Jenseits von Gut und Böse. Vorspiel einer Philosophie der Zukunft

Leipzig: C.G. Naumann, 1886

Nietzsches Buch *Jenseits von Gut und Böse*, erschienen im August 1886, bringt in insgesamt neun Hauptstücken systematisierende Gedanken, die auf zumeist sehr originelle Art weiterführen, was auch in den vorhergehenden Aphorismensammlungen der Freigeistepoche sowie im *Zarathustra* Thema war. Für eine gewisse Ausnahme steht das vierte Hauptstück, das unter dem Titel *Sprüche und Zwischenspiele* insgesamt 185 Aphorismen unterschiedlichster Qualität meist psychologischer Thematik offeriert.

Nietzsche als Anti-Dogmatiker

Schon mit dem ersten Satz der im Juni 1885 verfassten Vorrede gibt sich Nietzsche als Anti-Dogmatiker zu erkennen und wiederholt dies ganz zum Schluss, wenn er (seine) »Wahrheiten« als »rechtschaffen«, aber »langweilig« (A 5, S. 239) charakterisiert – und dabei möglicherweise an die unmittelbar zuvor durchgeführte Unterscheidung zwischen einer Herren- und ei-

> »Vorausgesetzt, dass die Wahrheit ein Weib ist –, wie? ist der Verdacht nicht gegründet, dass alle Philosophen, sofern sie Dogmatiker waren, sich schlecht auf Weiber verstanden?« (Friedrich Nietzsche, *Jenseits von Gut und Böse;* A 5, S. 11)

Herren- und Sklavenmoral

ner Sklavenmoral denkt, inklusive der Annahme, dass beide Moralen je einen eigenen Menschentyp voraussetzen, erfordern oder erzeugen. Die Herrenmoral verknüpft Nietzsche mit dem ›vornehmen Menschen‹, den er beispielgebend repräsentiert sieht in der altgriechischen Aristokratie – und in sich selbst. Denn was Nietzsche hier beschreibt und unter der Kategorie »*vornehme Seele*« (A 5, S. 233) rubriziert haben möchte, ist letztlich seine eigene Lebensweisheitsdoktrin als einsam wandernder Philosoph im Oberengadin.

Das zentrale Thema von *Jenseits von Gut und Böse* klingt im zweiten Aphorismus mit dem Titel *Von den Vorurtheilen der Philosophen* an. Nietzsche geht es zumindest an dieser Stelle nicht um das Lob auf den Perspektivismus an sich (vgl. NL, S. 266 f.), sondern um dessen Tadel als Indiz für eine unzulässige, metaphysische Setzung des Eigenwertes des Wahren, Wahrhaftigen und Selbstlosen, das man sich viel eher als abgeleitet vorstellen müsse etwa aus »dem Scheine, dem Willen zur Täuschung, dem Eigennutz und der Begierde« – Zusammenhänge, die zu erkennen es »einer neuen Gattung von Philosophen« (A 5, S. 16 f.) bedürfe. Entsprechend geht es in der Folge darum, die Anforderungen an jene ›kommenden‹ oder ›neuen‹ Philosophen, auch

Philosophen der Zukunft

»Philosophen der Zukunft« (A 5, S. 60) geheißen, deutlicher zu markieren und das auch sie auszeichnende Wahrheitsstreben vom Verdacht zu befreien, per se dogmatisch zu sein. Der Sache nach dominiert dabei wiederum das Interesse an psychologischen Fragestellungen, dies auch in Richtung einer in ersten

> »Die menschliche Seele und ihre Grenzen, der bisher überhaupt erreichte Umfang menschlicher innerer Erfahrungen, die Höhen, Tiefen und Fernen dieser Erfahrungen, die ganze *bisherige* Geschichte der Seele und ihre noch unausgetrunkenen Möglichkeiten: das ist für einen geborenen Psychologen und Freund der ›grossen Jagd‹ das [sic] vorbestimmte Jagdbereich.« (Friedrich Nietzsche, *Jenseits von Gut und Böse;* A 5, S. 65)

Eine Psychologie der Philosophen

Grundzügen ausgearbeiteten »*Psychologie der Philosophen*« (A 13, S. 285; vgl. NF, S. 292 ff.), die u. a. mit dem – Sigmund Freud vorarbeitenden – Verdacht aufwartet: »[Ü]berall wo Jemand immer nur Hunger, Geschlechts-Begierde und Eitelkeit sieht, sucht und sehn *will*, als seien es die eigentlichen und einzigen Triebfedern der menschlichen Handlungen [...], da soll der Liebhaber der Erkenntniss fein und fleissig hinhorchen [...]. Denn [...] Niemand *lügt* soviel als der Entrüstete.« (A 5, S. 45) Psychologische Überlegungen dieser Art führen Nietzsche schließlich zur hintergründigen Infragestellung der Moral als »*Zeichensprache der Affekte*« (A 5, S. 107). Eine Moral beispielsweise, die rät, dem Mitmenschen zu helfen, sei möglicherweise nur Folge des Affekts »Furchtsamkeit«. Vielleicht, so Nietzsches Verdacht, gäbe man dem Menschen mit der Moral nichts weiter als »Recepte gegen ihre Leidenschaften, ihre guten und schlimmen Hänge« (A 5, S. 118) und sorge auf diese Weise im Ergebnis dafür, dass sich in ganz Europa eine »*Heerdenthier-Moral*« (A 5, S. 124) ausbreite, mit der Pointe, dass Nietzsche »die demokratische Bewegung [...] als eine [...] Verkleinerungs-Form des Menschen gilt, als seine Vermittelmässigung und Werth-Erniedrigung« (A 5, S. 126).

So weit die Diagnose, über die man streiten muss, ganz zu schweigen von der Therapie. Nietzsche nämlich schlägt (erneut) »*neue Philosophen*« vor, lädt diesen Begriff nun aber deutlich auf, weg vom bloßen Wahrheitserwerb hin zur gleichsam platonischen Utopie einer umfänglichen Neugestaltung von Welt und Dasein inklusive der Vision großer »Gesammt-Versuche von Zucht und Züchtung« – eine Vision, die ihm gleichsam den Atem stocken lässt angesichts der Gefahr, dass diese (neuen) »Philosophen und Befehlshaber«, auch »Führer« genannt, »ausbleiben oder missrathen und entarten könnten« (A 5, S. 126 f.). Nietzsche sei gepriesen für diesen Zweifel – aber er ist zu tadeln für den Plan, auf den er sich bezieht und der, wie die Wirkungsgeschichte zeigt, fatale Folgen hatte. Insoweit hat es etwas Beruhigendes, dass Nietzsche im weiteren Fortgang von *Jenseits von Gut und Böse* als Kritiker »atavistische[r] Anfälle von Vaterländerei und Schollenkleberei« (A 5, S. 180) Furore macht, ebenso wie als Kritiker jener, die »im Bunde mit deutschem Bier und deutscher Musik daran arbeite[n], ganz Europa zu verdeutschen« (A 5, S. 185).

Die fröhliche Wissenschaft. V. Buch: Wir Furchtlosen

Leipzig: E. W. Fritzsch 1887

Im Juni 1887 präsentierte Nietzsche eine Neuausgabe von *Die fröhliche Wissenschaft* mit einer neuen Vorrede, einem neuen, fünften Buch sowie dem Anhang: *Lieder des Prinzen Vogelfrei*, darunter das legendäre, durch eine fulminante Lesung Klaus Kinskis berühmt gewordene ›Tanzlied‹ *An den Mistral* mit der den ›freien Geist‹ im Stil der Troubadoure (s. NL, S. 380) huldigenden vorletzten Strophe.

> Jagen wir die Himmels-Trüber,
> Welten-Schwärzer, Wolken-Schieber,
> Hellen wir das Himmelreich!
> Brausen wir… oh aller freien
> Geister Geist, mit dir zu Zweien
> *Braust* mein Glück dem Sturme gleich.
> (Friedrich Nietzsche, *Die fröhliche Wissenschaft* [zweite Ausgabe], Anhang; A 3, S. 651)

Das neue, fünfte Buch bringt vierzig Aphorismen unterschiedlicher Thematik und Qualität, meist in Weiterführung des in *Jenseits von Gut und Böse* Dargelegten (als dessen Anhang Nietzsche es zunächst konzipierte). Der Autor selbst schätzte dieses Werk besonders, wie sein – allerdings auch auf die »diversen Vorreden« erstreckter – Ausruf vom Dezember 1888 bestätigt: »Teufel, was steckt da drin!« (B 8, S. 515) Auch in der Forschung wird dem fünften Buch schon seit geraumer Zeit höchste Wertschätzung entgegengebracht, wie Werner Stegmaiers 2012 erschienene voluminöse kontextuelle Interpretation belegt.

Kontinuität gilt zumal im Blick auf den in *Jenseits von Gut und Böse* gegebenen Ausblick auf die ›neuen‹ Philosophen, für die nun als kleinster gemeinsamer Nenner behauptet wird, dass sie dem Tod Gottes und dessen Folgen beruhigt ins Auge zu sehen vermögen, gleichsam im Vertrauen auf ihre Stärke als »*gute* Europäer«, die es nicht länger nötig hätten, ihre Erlebnisse dahingehend auszulegen, »wie als ob Alles Fügung, Alles Wink, Alles dem Heil der Seele zu Liebe ausgedacht und geschickt sei«. (A 3, S. 600) Die hier erneut bemühte, in *Menschliches, Allzumenschliches* eingeführte Denkfigur des ›guten Europäers‹ wird

fruchtbar gemacht für eine Opposition gegen »Nationalismus« und »Rassenhass« unter der neuen Chiffre »Wir Heimatlosen« (A 3, S. 630), wobei Heimatlosigkeit in einem transnationalen, kosmopolitischen, weltbürgerlichen Sinne verstanden wird. Auch die in *Jenseits von Gut und Böse* grundgelegte ›Psychologie der Philosophen‹ wird im fünften Buch der *Fröhlichen Wissenschaft* neu erprobt, etwa am Exempel des Darwinismus, um den herum »Etwas wie englische Übervölkerungs-Stickluft, wie Kleiner-Leute-Geruch von Noth und Enge [haucht]«. (A 3, S. 585) Speziell hinter diesem Spott verbirgt sich Nietzsches anti-darwinistische Lesart des Willens zur Macht nach dem – in der *Götzen-Dämmerung* (A 6, S. 120) wieder aufgenommenen – Leitmotiv: »Der Kampf um's Dasein ist nur eine *Ausnahme*, eine zeitweilige Restriktion des Lebenswillens; der grosse und kleine Kampf dreht sich allenthalben um's Uebergewicht, um Wachsthum und Ausbreitung, um Macht, gemäss dem Willen zur Macht, der eben der Wille des Lebens ist.« (A 3, S. 585 f.)
Die andere Gattung grundlegender Erklärungen betrifft einzelne, meist der Psychoanalyse vorgreifende psychologische Annahmen, etwa in Gestalt der Frage: »[W]ie? ist unser Bedürfniss nach Erkennen nicht eben dies Bedürfniss nach Bekanntem, der Wille, unter allem Fremden, Ungewöhnlichen, Fragwürdigen Etwas aufzudecken, das uns nicht mehr beunruhigt? Sollte es nicht der *Instinkt der Furcht* sein, der uns erkennen heisst? (A 3, S. 594) In der *Götzen-Dämmerung* wird Nietzsche später nachtragen: »Etwas Unbekanntes auf etwas Bekanntes zurückführen, erleichtert, beruhigt, befriedigt, giebt ausserdem ein Gefühl von Macht« (A 6, S. 93) – und das klingt (auch) hier so, als denke Sigmund Freud über *Das Unheimliche* nach.

Zur Genealogie der Moral. Eine Streitschrift

Leipzig: C. G. Naumann 1887

Diese im November 1887 erschienene Streitschrift knüpft bereits mit der ersten Abhandlung, eine »Psychologie des Christenthums« (A 6, S. 352) intendierend, an Themen aus *Jenseits von Gut und Böse* an, etwa am Dual Herren- vs. Sklavenmoral. Es wird nun historisch kontextualisiert, um die These zu stärken, »dass [...] mit den Juden *der Sklavenaufstand in der Moral* beginnt« (A 5, S. 268). Die theoretische Folgerung aus dieser Annahme entwickelt Nietzsche vorwiegend über den Begriff des

Ressentiment

›Ressentiment‹: Es sei typisch für die Slavenmoral, gekennzeichnet durch ein »Nein zu einem ›Ausserhalb‹, zu einem ›Anders‹, zu einem ›Nicht-selbst‹«, und stehe insoweit konträr zu der – die Herrenmoral kennzeichnenden – »vornehmen Werthungsweise [...]: sie agirt und wächst spontan, sie sucht ihren Gegensatz nur auf, um zu sich selber noch dankbarer, noch frohlockender Ja zu sagen« (A 5, S. 270 f.). Nietzsche lässt in der Folge kein gutes Haar am Typus »Mensch des Ressentiment« und dessen »Giftauge« (A 5, S. 274).

> »Seine Seele *schielt*; sein Geist liebt Schlupfwinkel, Schleichwege und Hinterthüren, alles Versteckte muthet ihn an als *seine* Welt, *seine* Sicherheit, *sein* Labsal; er versteht sich auf das Schweigen, das Nicht-Vergessen, das Warten, das vorläufige Sich-verkleinern, Sich-demüthigen.« (Friedrich Nietzsche, *Zur Genealogie der Moral;* A 5, S. 272)

Anders verhält es sich beim ›vornehmen Menschen‹, der im Idealfall über seine »vornehmeren Funktionen und Funktionäre« – wie »Regieren, Voraussehn, Vorausbestimmen« – gebiete und dafür beidem bedarf: dem Vergessen, »damit wieder Platz wird

Erinnern und Vergessen

für Neues« (A 5, S. 291), aber auch dem Erinnern. Damit ist auch das Lernen gemeint, unter Inkaufnahme von »Härte, Tyrannei, Stumpfsinn und Idiotismus« und mit dem Ziel, den Menschen »zuerst bis zu einem gewissen Grade nothwendig, einförmig, gleich unter Gleichen, regelmässig und folglich berechenbar zu *machen*« (A 5, S. 293), denn am Ende winke als Lohn eine Art Übermensch.

In der letzten, insgesamt dritten Abhandlung analysiert Nietz-

»Stellen wir uns [...] an's Ende [dieses] ungeheuren Prozesses, [...]: so finden wir als reifste Frucht [...] das *souveraine Individuum*, das nur sich selbst gleiche, [...], kurz den Menschen des eignen unabhängigen langen Willens, der *versprechen darf* – und in ihm ein stolzes, in allen Muskeln zuckendes Bewusstsein davon, *was* da endlich errungen und in ihm leibhaft geworden ist, ein eigentliches Macht- und Freiheits-Bewusstsein, ein Vollendungs-Gefühl des Menschen überhaupt.« (Friedrich Nietzsche, *Zur Genealogie der Moral;* A 5, S. 293)

sche, gleichsam als einen weiteren ›hohen Preis‹ (für kulturelle Leistung), das asketische Ideal, also eine Art Leibfeindlichkeit oder »Philosophen-Gereiztheit und -Rancune gegen die Sinnlichkeit« (A 5, S. 350). Ein besonders böser Seitenblick fällt dabei auf die Priester, auch auf Richard Wagners »arme[n] Teufel und Naturbursch Parsifal, der von ihm mit so verfänglichen Mitteln schliesslich katholisch gemacht wird« (A 5, S. 341). Nietzsches Pointe hat es in sich: »*[D]as asketische Ideal entspringt dem Schutz- und Heil-Instinkte eines degenerirenden Lebens*, welches sich mit allen Mitteln zu halten sucht und um sein Dasein kämpft.« (A 5, S. 366) Damit liegt der Schluss nahe, dass die Kranken »des Menschen grosse Gefahr« (A 5, S. 368) seien und den Gesunden folglich ein gewisses »Pathos der Distanz« gut anstünde, denn (und vor dieser Art ›Pathos‹ schreckt Nietzsche nicht zurück): »[D]as Höhere *soll* sich nicht zum Werkzeug des Niedrigeren herabwürdigen!« (A 5, S. 371) Die so begründete Hilfeverweigerung der ›Gesunden‹ wird komplettiert durch den Hinweis, dass der asketische Priester »als der vorherbestimmte Heiland, Hirt und Anwalt der kranken Heerde« (A 5, S. 372) schließlich auch keine professionelle Hilfe biete, sondern lediglich darauf sinne, die Kranken durch seine von ihm ausgehende »Tyrannei solcher paradoxer und paralogischer Begriffe wie ›Schuld‹, ›Sünde‹, ›Sündhaftigkeit‹, ›Verderbniss‹, ›Verdammniss‹ [...] *unschädlich* zu machen [...] zum Zweck der Selbstdisciplinirung, Selbstüberwachung, Selbstüberwindung« (A 5, S. 375).

Dies ist teilweise durchaus brillant analysiert, bleibt aber letztlich ohne Ausblick auf eine Alternative zum asketischen Ideal, insofern – und Nietzsche wiederholt nun dieses Zugeständnis aus *Wir Furchtlosen* (A 3, S. 577) – »auch wir Erkennenden von Heute, wir Gottlosen und Antimetaphysiker, auch [...] *unser* Feuer noch von jenem Brande [nehmen], den ein Jahrtausende alter Glaube entzündet hat, jener Christen-Glaube, der auch der Glaube Plato's war, dass Gott die Wahrheit ist, dass die Wahrheit *göttlich* ist ...« (A 5, S. 401). Dies mag auch den fast resignativen Schlusssatz erklären: »[L]ieber will noch der Mensch *das Nichts* wollen, als *nicht* wollen.« (A 5, S. 412)

Götzen-Dämmerung oder wie man mit dem Hammer philosophirt

Leipzig: C. G. Naumann 1889

Nietzsches *Götzen-Dämmerung* lag im November 1888 gedruckt vor und gelangte Ende Januar 1889 in den Buchhandel. Gleichsam zur Einstimmung auf die in nur wenigen Wochen erstellte Darstellung dienen 44 unter dem Titel *Sprüche und Pfeile* dargebotene Aphorismen, unter ihnen die Sentenz: »Ich misstraue allen Systematikern und gehe ihnen aus dem Weg. Der Wille zum System ist ein Mangel an Rechtschaffenheit.« (A 6, S. 63) Nietzsche plädierte hiermit für Rechtschaffenheit, nicht aber etwa – wie man insbesondere im Streit um das von Nietzsches Schwester aus dem Nachlass zusammengestellte angebliche (Prosa-)Hauptwerk *Der Wille zur Macht* angenommen hat (NL, S. 427 ff.) – gegen das Projekt einer systematischen Philosophie oder die Idee der Systematisierung.

Im zweiten Kapitel dieses von Nietzsche als »vollkommene Gesamt-Einführung in meine Philosophie« (B 8, S. 414) gelobten Buches skizziert der Autor seinen Ansatz: Er will zeigen, wie

> »Alles, was Philosophen seit Jahrtausenden gehandhabt haben, waren Begriffs-Mumien; es kam nichts Wirkliches lebendig aus ihren Händen. [...]. Der Tod, der Wandel, das Alter ebensogut als Zeugung und Wachsthum sind für sie Einwände, – Widerlegungen sogar. Was ist, *wird* nicht; was wird, *ist* nicht ...« (Friedrich Nietzsche, *Götzen-Dämmerung;* A 6, S. 74)

Das Seiende und das Werdende

das Seiende geworden ist und wie das Werdende in Geltung gesetzt werden kann. Vorauszusetzen ist dabei, dass das Seiende – dies ist zugleich der zentrale Vorwurf an seine Berufskollegen – nicht als metaphysisch verstanden werden darf: »Die ›scheinbare‹ Welt ist die einzige: die ›wahre Welt‹ ist nur *hinzugelogen* …« (A 6, S. 75) Die Konsequenz aus dieser Einsicht zieht Nietzsche am Ende dieses Kapitels: »Von einer ›andren‹ Welt als dieser zu fabeln hat gar keinen Sinn, vorausgesetzt, dass nicht ein Instinkt der Verleumdung, Verkleinerung, Verdächtigung des Lebens in uns mächtig ist: im letzteren Falle *rächen* wir uns am Leben mit der Phantasmagorie eines ›anderen‹, eines ›besseren‹ Lebens.« (A 6, S. 78)

Nietzsches zweiter zentraler Vorwurf gegen die Philosophen hat mit deren Leugnung des Werdens zu tun nach dem Muster: »[D]as Höhere *darf* nicht aus dem Niederen wachsen, *darf* überhaupt nicht gewachsen sein … Moral: Alles, was ersten Ranges ist, muss causa sui sein. Die Herkunft aus etwas Anderem gilt als Einwand, als Werth-Anzweifelung.« (A 6, S. 76) Anders bei Nietzsche, der für diese »Herkunft aus etwas Anderem« seit *Menschliches, Allzumenschliches* den Begriff ›Sublimierung‹ vorsieht, den er nun durch die Vokabel ›Vergeistigung‹ ersetzt. Im Ergebnis wird ihm so Liebe neu lesbar (als »Vergeistigung der Sinnlichkeit«); auch eine »Vergeistigung der *Feindschaft*« scheint ihm denkbar, etwa dahingehend, »dass man tief den Werth begreift, den es hat, Feinde zu haben«. Der Vorteil dieser Umwertung liegt für Nietzsche auf der Hand: Das Gebot der Stunde ist nicht länger »Vernichtung ihrer [der Kirche; d. Verf.] Feinde« (A 6, S. 84) oder, wie gleichfalls in christlicher Sicht intendiert: »Ausrottung (der Sinnlichkeit, des Stolzes, der Herrschsucht, der Habsucht, der Rachsucht)« (A 6, S. 83). Das Gebot der Stunde ist vielmehr Wertschätzung der Sinnlichkeit (als Rohstoff für vergeistigte Liebe) sowie des Feindes als die Chance für eigene Weiterentwicklung – eine Art Bestandsgarantie also für das Christentum, wie Nietzsche hintersinnig hinzufügt: »[W]ir, wir Immoralisten und Antichristen, sehen unsern Vortheil darin, dass die Kirche besteht …« (A 6, S. 84)

Vgl. S. 65

Im nächsten Kapitel mit dem Titel *Die vier grossen Irrthümer* nimmt Nietzsche das eben verhandelte Thema – die ›Vergeistigung‹ – unter der Rubrik »Irrthum einer falschen Ursächlichkeit« (A 6, S. 90) wieder auf und konstatiert schlicht: »Es giebt gar keine geistigen Ursachen! Die ganze angebliche Empirie dafür gieng zum Teufel!« (A 6, S. 91) Nicht minder grundlegend sind die Ausführungen zum »Irrthum vom freien Willen« (A 6, S. 95 f.): Nietzsche zufolge ist es Indiz für einen christlich motivierten »Instinkt des *Strafen- und Richten-Wollens*«, kürzer geredet: ›alte‹ Psychologie, »Willens-Psychologie«, »jede Handlung als gewollt« zu setzen. ›Neue‹, von Nietzsche vertretene Psychologie hingegen setze darauf, »[d]ass Niemand mehr verantwortlich gemacht wird« und die »*Unschuld* des Werdens« (A 6, S. 97) wieder Anerkennung erfahre. Nietzsche Pointe ist harsch und darin legendär: »Das Christenthum ist eine Metaphysik des Henkers ...« (A 6, S. 96)

Was folgt, ist die Sichtung der Versuche, die Verbesserung des Menschen durch ›Züchtung‹ einerseits und ›Zähmung‹ andererseits zu erreichen – mit desaströsem Befund in Sachen Letzterer, vorwiegend der eingesetzten Mittel wegen: »Furcht«, »Schmerz«, »Wunden«, »Hunger« führen nur zur Schwächung, »[n]icht anders steht es mit dem gezähmten Menschen, den der Priester ›verbessert‹ hat« (A 6, S. 99). Aber auch die Züchtung, exemplarisch diskutiert an dem von Nietzsche als arisch gelesenen indischen »Gesetz des Manu«, steht nicht für eine Verbesserung, vor allem wegen der erniedrigenden und grausamen Behandlung der Tschandala, der »Nicht-Zucht-Menschen« (A 6, S. 100). Insoweit stellt sich Nietzsche auf die Seite dieser heutzutage als »Dalits« bezeichneten untersten sozialen Schicht Indiens (NL, S. 163 ff.). Nur dieser kulturvergleichende Exkurs erklärt Nietzsches ansonsten schwer verständliche Pointe, wonach das Christentum als »*Gegenbewegung* gegen jede Moral der Züchtung, der Rasse, des Privilegiums« und insoweit als »*antiarische* Religion par excellence« (A 6, S. 101) gedeutet werden könne.

Charles Darwin, Porträt von George Richmond, 1840

Als ein weiterer Höhepunkt dieser Streitschrift kann das Kapitel *Streifzüge eines Un-*

zeitgemässen gelten. Nietzsche stellt in Weiterführung des hierzu in *Wir Furchtlosen* Gesagten (A 3, S. 585 f.) heraus, dass der Kampf ums Dasein wegen der von Darwin übersehenen »List« und »Verstellung« der Schwachen in der Regel »zu Ungunsten der Starken« (A 6, S. 121) ausgehe. So weit die Analyse, der man eine gewisse Logik nicht absprechen kann, im Gegensatz zu der Konsequenz, die Nietzsche unter der (zynischen) Überschrift *Moral für Ärzte* zumindest andeutet: »Eine neue Verantwortlichkeit schaffen, die des Arztes, für alle Fälle, wo das höchste Interesse des Lebens, des *aufsteigenden* Lebens, das rücksichtsloseste Nieder- und Beiseite-Drängen des *entartenden* Lebens verlangt – zum Beispiel für das Recht auf Zeugung, für das Recht, geboren zu werden, für das Recht, zu leben …« (A 6, Vgl. S. 99 f. S. 134) Die Resonanz, auf die solche Sätze zumal im Dritten Reich trafen, war enorm, ebenso der Schaden, der für Nietzsche nach 1945 eintrat. Was dabei in der Regel außer Acht gelassen wurde, ist der Umstand, dass Nietzsche hier auch höchst private Nöte und Ängste im Blick auf seine eigene Krankheit einfließen ließ und sich im Übrigen im gleich nachfolgenden Absatz dagegen verwahrte, »den Sinn meines Werks dahin zu ›verstehn‹, dass ich mit demselben die Abschaffung aller anständigen Gefühle beantragte« (A 6, S. 136). Darum also war es Nietzsche nicht zu tun – wohl aber um die Infragestellung der modernen Selbstzufriedenheit im Vergleich zur Renaissance. »[W]ir Modernen«, so Nietzsches Einwand in diesem Zusammenhang, geben »mit unsrer ängstlichen Selbst-Fürsorge und Nächstenliebe, mit unsren Tugenden der Arbeit, der Anspruchslosigkeit, der Rechtlichkeit, der Wissenschaftlichkeit« vielleicht nichts weiter als den letzten Beleg für eine »*schwache* Zeit«, denn: »Unsre Tugenden sind bedingt, sind *herausgefordert* durch unsre Schwäche …« (A 6, S. 138) Weil das so ist, sind sie letztlich auch gar nicht als wirkliche Tugenden anzuerkennen, im Gegensatz etwa zum Streben nach Freiheit, das Nietzsche hochhält, weil sich in ihm der »Wille zur Selbstverantwortlichkeit« (A 6, S. 139) ausspreche.

Wenige Zeilen später freilich – und dies ist typisch für das Spätwerk – kommen Nietzsche wieder Zweifel: »Man lebt für heute, man lebt sehr geschwind, – man lebt sehr unverantwortlich:

dies gerade nennt man ›Freiheit‹.« (A 6, S. 141) Das Konservative dieses Einwandes nimmt Nietzsche in Kauf, ebenso wie den Widerspruch zum vorhergehenden leidenschaftlichen Plädoyer für Freiheit oder den Zynismus, der sich in seiner Stellungnahme zur ›Arbeiter-Frage‹ verbirgt: »Will man einen Zweck, muss man auch die Mittel wollen: will man Sklaven, so ist man ein Narr, wenn man sie zu Herrn erzieht.« (A 6, S. 143) So betrachtet ist es fast folgerichtig, dass noch ein Nachtrag angefügt ist, in welchem Nietzsche einen Passus aus *Zarathustra III* zitiert, der mit den Worten endet: »Diese neue Tafel, oh meine Brüder, stelle ich über euch: *werdet hart!*« (A 4, S. 268)

Der Antichrist. Fluch auf das Christenthum

(1888/89); EA: 1895: Leipzig: C. G. Naumann

Dieses Buch mit dem unmittelbar vor dem geistigen Zusammenbruch des Verfassers verfügten neuen Untertitel *Fluch auf das Christenthum* – statt *Umwertung aller Werthe* – wurde von Nietzsche Ende November 1888 als druckfertig erklärt. Es erschien aber erst 1895 unter der Regie von Nietzsches Schwester. Sie ließ einige ihr politisch nicht passende Sätze und Vokabeln weg und wählte mit *Versuch einer Kritik des Christenthums* einen harmloseren Untertitel (NL, S. 14 ff.).

Die Besonderheit von *Der Antichrist* deutet sich in dem Satz an: »Man muss rechtschaffen sein in geistigen Dingen bis zur Härte, um auch nur meinen Ernst, meine Leidenschaft auszuhalten.« (A 6, S. 167) Tatsächlich ist der folgende anti-christliche Katechismus nur schwer auszuhalten. Dies gilt umso mehr,

> »Was ist gut? – Alles, was das Gefühl der Macht, den Willen zur Macht, die Macht selbst im Menschen erhöht. Was ist schlecht? – Alles, was aus der Schwäche stammt. Was ist Glück? – Das Gefühl davon, dass die Macht *wächst*, dass ein Widerstand überwunden wird.« (Friedrich Nietzsche, *Der Antichrist;* A 6, S. 170)

als die – schon in der *Götzen-Dämmerung* angedeutete – Pointe nicht ausbleibt: »Die Schwachen und Missrathnen sollen zu Grunde gehn: erster Satz *unsrer* Menschenliebe. Und man soll ihnen noch dazu helfen.« (A 6, S. 170) Schon dieser zweite von insgesamt 62 Paragraphen verdeutlicht, was gemeint war, als Nietzsche in der *Genealogie der Moral* auf dieses Buch – damals noch unter dem Titel *Der Wille zur Macht. Versuch einer Umwerthung aller Werthe* – hinwies und fast schon drohend ankündigte, er werde in diesem Buch einige jener dort erörterten Themen »gründlicher und härter« (A 5, S. 408) anfassen. So betrachtet darf es fast als Selbstdementi gelesen werden, wenn Nietzsche gegen Ende den »Fanatiker« (A 6, S. 237) – genannt werden neben anderen Luther, Rousseau und Robespierre – unter Berufung auf den ›Skeptiker‹ Zarathustra als schwach geißelt und zur Veranschaulichung dessen den (netten) Aphorismus aufbietet: »Überzeugungen sind Gefängnisse.« (A 6, S. 236)

In der Summe freilich scheint Nietzsche das Lachen vergangen zu sein – wohl infolge seiner Ungeduld angesichts der ungebrochenen Fortdauer eines von ihm längst schon entlarvten falschen Zaubers namens Christentum nach dem Motto: »Jedermann weiss das: *und trotzdem bleibt Alles beim Alten.*« (A 6, S. 210 f.) Der Autor wirkt hier und an anderen Stellen eigentümlich gehetzt, als gelte es, noch einmal sein ganzes Programm seit dem *Zarathustra* zu rekapitulieren.

Alles bleibt beim Alten

Zuzugestehen ist, dass Nietzsche mancherlei hübsche Variante gelingt auf seine alte Programmatik. Dass der ›Böse‹ seiner ›Sonne‹ (sprich: einer Erklärung) bedürfe – wie in *Die fröhliche Wissenschaft* erstmals gefordert –, wird nun erneut (und sehr originell) angesprochen, wenn es etwa in § 16 heißt: »Man hat den bösen Gott so nöthig als den guten: man verdankt ja die

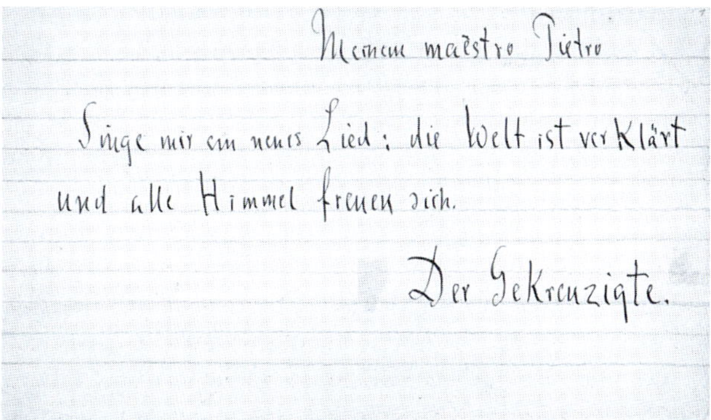
Meinem maestro Pietro

Singe mir ein neues Lied: die Welt ist verklärt und alle Himmel freuen sich.

Der Gekreuzigte.

Brief von Nietzsche an Peter Gast, 4. Januar 1889

eigne Existenz nicht gerade der Toleranz, der Menschenfreundlichkeit.« (A 6, S. 182) Interessanter ist allerdings »die *echte* Geschichte des Christenthums«, die Nietzsche in § 39 zu erzählen verspricht, beginnend mit: »[I]m Grunde gab es nur Einen Christen, und der starb am Kreuz« und endend mit: »Heute noch ist ein *solches* Leben möglich, für *gewisse* Menschen sogar nothwendig« (A 6, S. 211). Denn dies klingt vor dem Hintergrund, dass Nietzsche wenige Monate später seine letzten Turiner Briefe mit »Der Gekreuzigte« abzeichnen wird, durchaus unheimlich.

Die »echte« Geschichte des Christentums

Besonders grundlegend gerät Nietzsches Abrechnung mit dem Apostel Paulus (NL, S. 287 f.): »Was er errieth, das war, wie man mit Hülfe der kleinen sektirerischen Christen-Bewegung abseits des Judenthums einen ›Weltbrand‹ entzünden könne, wie man mit dem Symbol ›Gott am Kreuze‹ alles Unten-Liegende, alles Heimlich-Aufrührerische, die ganze Erbschaft anarchistischer Umtriebe im Reich, zu einer ungeheuren Macht aufsummiren könne.« (A 6, S. 246 f.) Es folgt eine Variante zum Sündenfallmythos unter der Überschrift »von der Höllenangst Gottes vor der *Wissenschaft*« (A 6, S. 226), die in der Pointe mündet, dass, in dieser Logik gedacht, der Mensch nicht als »Lernender«, sondern als »Leidender« bestimmt war, der »jeder Zeit den Priester nöthig hat« (A 6, S. 228). In der Summe steht für Nietzsche außer Frage, dass das Christentum »bisher das grösste Unglück der Menschheit [war]« (A 6, S. 232), dies auch im Blick auf den Untergang der antiken Welt und der hier noch dominierenden »Vornehmheit des Instinkts« oder der »methodische[n] Forschung«, kurz: des »grosse[n] Ja zu allen Dingen« (A 6, S. 248). Auch »um die Ernte der *Islam*-Cultur« seien wir durch das Christentum und dessen Kreuzritter gebracht worden, die etwas bekämpften, »vor dem sich in den Staub zu legen ihnen besser angestanden hätte« (A 6, S. 249). Und, nicht zu vergessen: Den Deutschen wirft Nietzsche nun vor, sie hätten »Europa um die letzte grosse Cultur-Ernte«, die der Renaissance, betrogen (A 6, S. 250) und würden »die unsauberste Art Christenthum, die es giebt [...], den Protestantismus«, verantworten (A 6, S. 252). Dies war für Nietzsche Anlass genug zum abschließenden *Gesetz wider das Christenthum*, das in den von Elisabeth-

Paulus als Schuldiger

Förster-Nietzsche besorgten Editionen fehlt. Aus ihm ragt der vierte Satz heraus: In bis dato beispielloser Rigidität opponiert Nietzsche hier gegen die christliche Leibfeindlichkeit.

»Die Predigt der Keuschheit ist eine öffentliche Aufreizung zur Widernatur. Jede Verachtung des geschlechtlichen Lebens, jede Verunreinigung desselben durch den Begriff ›unrein‹ ist das Verbrechen selbst am Leben, – ist die eigentliche Sünde wider den heiligen Geist des Lebens.« (Friedrich Nietzsche, *Der Antichrist: Gesetz wider das Christenthum, Vierter Satz;* A 6, S. 307)

Ecce homo. Wie man wird, was man ist

(1888/89); EA: 1908: Leipzig: Insel Verlag

Die autobiographische Schrift *Ecce homo* gilt vielen Interpreten als definitiver Kommentar zum gesamten Werk des Philosophen, nicht zuletzt infolge des in diese Richtung gehenden, geradezu verzweifelten Appells aus dem Vorwort. Und doch

»Hört mich! denn ich bin der und der. Verwechselt mich vor Allem nicht!« (Friedrich Nietzsche im Vorwort zu *Ecce homo*; A 6, S. 257)

ist vielleicht vordringlicher von der größten Herausforderung kritischer Nietzsche-Forschung zu sprechen, dies auch wegen der im Text deutlich zu spürenden pathologischen Züge, um die schon der Titel ahnen lässt: Was Nietzsche hier paraphrasiert, sind die Worte des Pontius Pilatus im Blick auf den gefolterten Jesus mit der Dornenkrone: »Sehet, welch ein Mensch« – Worte also, die dem »Gekreuzigten« angemessen scheinen, als welcher Nietzsche wenige Monate später einige seiner letzten Briefe abzeichnen wird.

Beachtenswert sind auch die Fallstricke der Text- und Editionsgeschichte. Nietzsche – so viel zur Textgeschichte – hat seinem Verleger bis zuletzt immer wieder neue Änderungen und Einschübe zugeschickt, und es hat durchaus seinen Reiz, aufzuklären, was wann warum und auf wessen Impuls hin der Streichung zum Opfer fiel. Als legendäres Fundstück gilt dabei Nietzsches Bemerkung: »Die Behandlung, die ich von Seiten meiner Mutter und Schwester erfahre, bis auf diesen Augenblick, flösst mir

Ecce homo, Insel Verlag 1908. Titelzeichnung und Buchschmuck von H. van de Velde

ein unsägliches Grauen ein: hier arbeitet eine vollkommene Höllenmaschine, mit unfehlbarer Sicherheit über den Augenblick, wo man mich blutig verwunden kann.« (A 6, S. 268) Der Sache nach führt Nietzsche hier eine Klage fort, die ihm erstmals im Zusammenhang der unerfüllt gebliebenen Liebe zu Lou von Salomé vom Sommer 1882 in den Sinn kam und die Nietzsches

Vgl. S. 41

Schwester damals schon störte. Jetzt, als offizielle Nachlassverwalterin auftretend, verwahrte sie sich, ausgehend von diesem Satz, gegen eine authentische Version von *Ecce homo*. Erst zwanzig Jahre später, 1908, ließ sie Raoul Richter eine verstümmel-

Verstümmelte Version

te Version präsentieren, gleichsam ungeachtet ihrer Bedenken, wie sie suggerierte, da ihr der Bruder (in allerdings von ihr gefälschten Briefen) untersagt habe, dieses Werk zu veröffentlichen (vgl. Förster-Nietzsche 1904, S. 890 f.).

So betrachtet hat man es mit – in der Überlieferungsgeschichte begründeten – Erschwernissen zu tun, die sich in der Wirkungsgeschichte Nietzsches teilweise fatal ausgewirkt haben. Ein Beispiel: Erst 1967 wurde bekannt, dass Nietzsche 1888 nicht nur Mutter und Schwester, sondern auch Wilhelm II. geschmäht hatte. Er »würde dem jungen deutschen Kaiser nicht die Ehre zugestehn, mein Kutscher zu sein« (A 6, S. 268), heißt es in der nun erstmals in authentischer Form vorliegenden Fassung von *Ecce homo*. Angesichts solch gravierender Auslassungen

Deutungshilfe für das Gesamtwerk?

ist es nur zu verständlich, dass man in der Nietzsche-Forschung auf die Vorlage dieser Edition erleichtert reagierte und annahm, nun werde die Deutung der Werke in Anbetracht der auf sie zurückweisenden Erläuterungen des Autors auf sicherer Grundlage erfolgen können. Tatsächlich ist diese Erwartung nicht gänzlich unberechtigt, wie der Umstand zeigt, dass Nietzsche gleich zu Beginn von *Ecce homo* auf das Dual wahre Welt/scheinbare Welt aus der *Götzen-Dämmerung* rekurriert, nun aber mit dem erläuternden Zusatz: »auf deutsch: die *erlogene* Welt und die Realität« und mit dem Kommentar: »Die *Lüge* des Ideals war bisher der Fluch über der Realität.« (A 6, S. 258) Dem folgt: »Der Begriff ›Seele‹, ›Geist‹, zuletzt gar noch ›unsterbliche Seele‹, erfunden, um den Leib zu verachten, um ihn krank – ›heilig‹ – zu machen, um allen Dingen, die Ernst im Leben verdienen, den Fragen von Nahrung, Wohnung, geistiger Diät, Krankenbehandlung, Reinlichkeit, Wetter, einen schauerlichen Leichtsinn entgegenzubringen!« (A 6, S. 374) Deutlicher kann man gar nicht für empirische Forschung eintreten, und zwar dies gerade, weil die ›wahre‹ Welt, wie dieses Zitat nun deutlich macht, nicht nur als abgeschafft zu gelten hat, sondern abgeschafft werden muss, wenn Ideologie nicht länger produziert und Erkenntnisfortschritt nicht weiter behindert werden soll.

Nietzsche-Kopf en face mit Dornenkrone. **Exlibris für Georg Lapper, unbekannter Künstler.**

Aber nicht alles aus *Ecce homo* ist so einfach einzuordnen und als gleichsam seriöser Werkkommentar zu akzeptieren, und um dies zu verstehen, muss man beachten, dass der Autor dieses Werk an seinem 44. Geburtstag zu schreiben begann – ein Geburtstag, zu dem ihn nur noch ein einziger Glückwunsch erreichte und selbst seine Mutter nichts von sich hören ließ. Denn so betrachtet liegt es nahe, anzunehmen, dass der Autor von der Absicht umgetrieben war, ebendiese Missachtung seiner Person insgesamt zum Skandal zu erklären.

> »Zehn Jahre: und Niemand in Deutschland hat sich eine Gewissensschuld daraus gemacht, meinen Namen gegen das absurde Stillschweigen zu vertheidigen, unter dem er vergraben lag.« (Friedrich Nietzsche, *Ecce homo*; A 6, S. 363)

Kurz geredet und in den Begriffen der Historienschrift von 1874: *Ecce homo* ist keine ›kritische‹, sondern eine ›monumentale‹ Künstler-Autobiographie, also eine Art Auto-Hagiographie – mit gravierenden Folgen, die auch den Bereich des systematischen Auslassens des letztlich dann doch als unklug Empfundenen berühren. Im Dienst dieser Aufgabe ließ Nietzsche manches scharfe, der Substanz nach anti-antisemitische Urteil über Wagner in letzter Minute unter den Tisch fallen.

Vgl. S. 59

Auto-Hagiographie

Damit geht der Versuch Nietzsches einher, im Nachgang Werkeinheitlichkeit postulieren zu wollen, dies mit teils grotesken Folgen. *Richard Wagner in Bayreuth* beispielsweise, noch in einer zeitnahen Wertung (vom Oktober 1875) für undruckbar erklärt (B 5, S. 119), wird nun plötzlich mit dem Siegel versehen, »der ›Gedanke von Bayreuth‹« habe sich »in Etwas verwandelt, das den Kennern meines Zarathustra kein Räthsel-Begriff sein wird: in jenen *grossen Mittag*, wo sich die Auserwähltesten zur grössten aller Aufgaben weihen« (A 6, S. 314). Dies muss man nicht verstehen oder erläutern, sondern zuallererst auf seine Funktion hin bedenken: Es geht um die Suggestion, alles sei folgerichtig und lasse einen roten Faden erkennbar werden.

Vgl. S. 54

Nachträgliche Folgerichtigkeit

Ähnliches gilt für Nietzsches Rückblick auf die *Geburt der Tragödie*. Noch 1886 hatte er seinen Erstling mit vernichtender Kritik bedacht. In *Ecce homo* jedoch hat dieser selbstkritische Zugriff völlig ausgespielt zugunsten eines geradezu unheimlichen Versprechens, mit welchem Nietzsche auf das kontinuierende Motiv des in der Tragödienschrift grundgelegten Dionysos-Kults anspielt. Erneut gilt: Es geht nicht um den Sinn des

Vgl. S. 57

> »Ich verspreche ein *tragisches* Zeitalter: die höchste Kunst im Jasagen zum Leben, die Tragödie, wird wiedergeboren werden, wenn die Menschheit das Bewusstsein der härtesten, aber nothwendigsten Kriege hinter sich hat, *ohne daran zu leiden*...« (Friedrich Nietzsche, *Ecce homo*; A 6, S. 313)

hier in Aussicht gestellten Szenarios, sondern um die an zukünftige Interpreten seiner Werke adressierte Botschaft, dass »Alles Eins ist und Eins will« (B 8, S. 545).

Ein Beispiel für die damit unvermeidlich einhergehende Begradigung von Widersprüchen und Unwägbarkeiten ist die Art und Weise, in der Nietzsche seine Empörung erklärt, die 1876 zur Abwendung von Wagner geführt habe: »Man hatte Wagner ins Deutsche übersetzt! Der Wagnerianer war Herr über Wagner geworden! – Die *deutsche* Kunst! der *deutsche* Meister! das *deutsche* Bier! ... Wir Andern, die wir nur zu gut wissen, zu was für raffinirten Artisten, zu welchem Cosmopolitismus des Geschmacks Wagners Kunst allein redet, waren ausser uns, Wagnern mit deutschen ›Tugenden‹ behängt wiederzufinden.« (A 6, S. 323 f.) Dies klingt wunderbar, geradezu rührend, nur: Wer jene von Nietzsche in *Der Wanderer und sein Schatten* eingeklagte »genauere Beobachtung« (A 2, S. 640) anstellt, vermag nichts zu identifizieren, was für diese – auf einen Missbrauch Wagners durch die Wagnerianer hinweisende – Lesart spricht oder auch nur für den Klageruf: »Der arme Wagner! Wohin war er gerathen! – Wäre er doch wenigstens unter die Säue gefahren! Aber unter Deutsche!...« (A 6, S. 324) Denn natürlich war es Wagners Deutschtumsvision und nicht die der Wagnerianer, die hier als kausal zu setzen ist, ein Zusammenhang, um den Nietzsche als intimer Zeuge der Vorgänge auf dem Landgut Tribschen wusste, die er sich nun allerdings, in *Ecce homo* auf sein Leben und Werden zurückschauend, nicht mehr einzugestehen traute. Entsprechend wird Tribschen – jener Ort, den Nietzsche noch in *Jenseits von Gut und Böse* kleinlaut mit dem Verdacht in Verbindung brachte, er habe sich hier eine »politische Infektion« (A 5, S. 193) in Sachen Antisemitismus zugezogen – wieder (und einseitig) zu einer Chiffre für »Tage des Vertrauens, der Heiterkeit, der sublimen Zufälle« (A 6, S. 288). Auch Nietzsches Versuch, Wagner (und sich mit ihm) »als Ausland« zu fingieren, »als Gegensatz, als leibhaften Protest gegen alle ›deutschen Tugenden‹« (B 6, S. 288), nährt den Verdacht, Nietzsche habe in *Ecce homo* im Nachhinein davon ablenken wollen, dass er damals, in Tribschen, einem zentralen Repräsentanten der völkischen Bewegung, eben Wagner, auf den Leim ging.

Damit wird ein Fazit möglich: Man wird Nietzsches Nachricht an seinen Verleger vom 6. November 1888, er sei nun fertig mit seinem Versuch, »mich selber, meine Bücher, meine Ansichten, bruchstücksweise, so weit es dazu erfordert war, *mein Leben*

Schauspieler Nietzsche

zu erzählen« (B 8, S. 464), dahingehend variieren dürfen, dass Nietzsche sein Leben in *Ecco homo* so weit erzählte, wie es erforderlich war, den von ihm verfolgten Zweck zu erfüllen. Damit kopierte Nietzsche, der sich im Gegensatz wähnte zur »Verlogenheit von Jahrtausenden« (A 6, S. 365 f.), exakt das Prinzip, das er Monate zuvor Wagner – in *Der Fall Wagner* – mit Seitenblick auf dessen Autobiographie *Mein Leben* vorgehalten hatte: »[E]r blieb [...] auch im Biographischen sich treu, – er blieb Schauspieler.« (A 6, S. 41) Für die Nietzsche-Forschung folgt daraus: Wer Nietzsches Äußerungen in *Ecce homo*, zumal die werkinterpretatorisch relevanten, wörtlich nimmt, hat schon verloren und wird Teil des Mythos, den es zu sezieren gilt.

Wirkung

Wer weiß wie viele Generationen erst vorüber gehen müssen,
um einige Menschen hervorzubringen,
die es in seiner ganzen Tiefe nachfühlen,
was ich gethan habe!
Und dann selbst noch macht mir der Gedanke Schrecken,
was für Unberechtigte und gänzlich Ungeeignete
sich einmal auf meine Autorität berufen werden.
(Nietzsche an Malwida von Meysenbug, Anfang Mai 1884)

Überblickt man Nietzsches Leben und Werk, zusätzlich noch die Komplexität seiner Texte sowie die besondere Editionsgeschichte, also den Umstand, dass wichtige Äußerungen Nietzsches über Jahrzehnte hinweg gar nicht oder nur in entstellter Form bekannt waren, darf man sich über die extrem heterogene Wirkungsgeschichte nicht wundern. Selbst Nietzsche, begierig lauernd auf erste Anzeichen nennenswerter Resonanz, blieb nur sprachloses Staunen ob der zahllosen Attribute, die man für ihn in Vorrat hielt und die sich, wie er erschrocken konstatierte, untereinander keineswegs gut vertrugen. Daran

»Ich fand hier [in Venedig] beieinander, was in den deutschen Zeitschriften Alles über mein letztes Buch [*Jenseits von Gut und Böse*] gedruckt worden ist: ein haarsträubendes Kunterbunt von Unklarheit und Abneigung. Bald ist mein Buch ›höherer Blödsinn‹, bald ist es ›diabolisch berechnend‹, [...] bald werde ich als ›Philosoph der junkerlichen Aristokratie‹ verherrlicht, bald als zweiter Edmund von Hagen verhöhnt, bald als Faust des neunzehnten Jahrhunderts bemitleidet, bald als ›Dynamit‹ und Unmensch vorsichtig bei Seite gethan.« (Friedrich Nietzsche in einem Brief vom 10. Oktober 1887 an seine Mutter; B 8, S. 164 f.)

hat sich bis heute wenig geändert, wenn man bedenkt, dass Nietzsche zwischenzeitlich Karriere machte als Leitfigur der Stürmer und Dränger der 1890er Jahre, als Philosoph des Kapitalismus, als Kriegsphilosoph, schließlich gar als Vordenker Hitlers und danach als Vater der Postmoderne, kurz: Die Attributionswut bezogen auf Nietzsche ist beachtlich und grenzt ans Absurde, wie exemplarisch ein Ratgeber mit dem Titel *Nietz-*

Attributionswut

sche für Manager (2008) zeigt. Mitunter will es fast scheinen, als verlange Zarathustras Spott auf das ›Land der Bildung‹ neue Rechte: »Mit fünfzig Klexen bemalt an Gesicht und Gliedern: so sasset ihr da zu meinem Staunen, ihr Gegenwärtigen!« (A 4, S. 153) Meinte Zarathustra möglicherweise an dieser Stelle gar nicht *die* ›Gegenwärtigen‹, sondern einen einzigen, eben Nietzsche? Denn immerhin war es ja Nietzsche selbst, der wenig später dunkel darüber orakelte, dass jeder tiefe Geist eine »Maske« brauche, aber eben auch: dass »um jeden tiefen Geist […] fortwährend eine Maske [wächst], Dank der beständig falschen, nämlich *flachen* Auslegung jedes Wortes, jedes Schrittes, jedes Lebens-Zeichens, das er giebt« (A 5, S. 58). Wenn dem so ist, und zwar bis zum heutigen Tag, scheint es an der Zeit, Schritt für Schritt die unzulässig gewachsenen Masken abzutragen, um auf diese Weise jenem Kreis der »Berechtigten« und »Geeigneten« näherzukommen, denen, wie es in jenem hier als Motto gewählten Zitat heißt, erlaubt werden kann, sich auf Nietzsches Autorität zu berufen. Das Folgende darf als Versuch in dieser Angelegenheit gelesen werden.

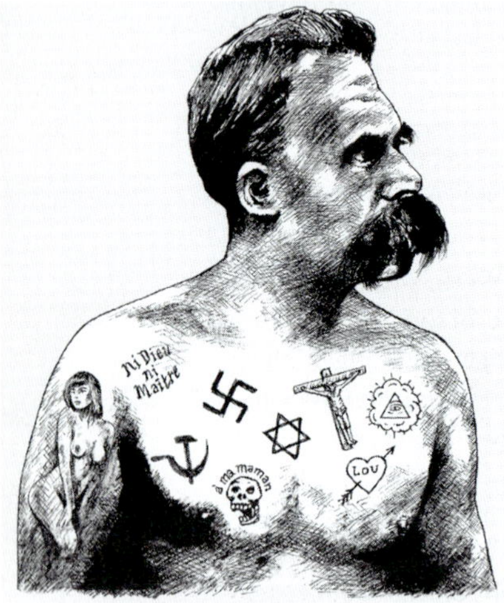

Karikatur *Nietzsche* von Frédéric Pajak

Nietzsche und die Politik

Das wohl brisanteste Problem der Nietzsche-Deutung verbirgt sich in der Frage, wie dieser Denker politisch einzuordnen ist. Auf welch schwankendem Grund sich die Forschung hier bewegt, wird beispielsweise an Nietzsches Umgang mit der Vokabel ›deutsch‹ deutlich: Der junge Nietzsche benutzte sie, erkennbar unter dem Einfluss Wagners, gern, zustimmend und in – auf das Nationale abstellender – politischer Absicht. Später hingegen legte Nietzsche seinen Ehrgeiz in Deutschen- und Deutschtumskritik (NL, S. 78 f.) und war stolz darauf, sich als ›guten Europäer‹ ausweisen zu dürfen, in der Hoffnung, als »der letzte *antipolitische* Deutsche« (A 14, S. 472) im Gedächtnis zu bleiben. Dieses Wort, zunächst für *Ecce homo* bestimmt, ging dann allerdings doch nicht in Druck – wodurch die hier dann (ab 1908) nachlesbare dunkle Ankündigung in den Vordergrund drängte: »[E]s wird Kriege geben, wie es noch keine auf Erden gegeben hat: Erst von mir an giebt es auf Erden *grosse Politik*.« (A 6, S. 366)

Kriegsphilosoph

Im Verlauf der Wirkungsgeschichte zeigte sich, dass eher dieses als jenes Etikett Vorrang gewann (NH, S. 2 ff.; 499 ff.; NL, S. 303 ff.). Einen Anlass hierfür gab Nietzsches Position zur Sozialpolitikdebatte der Bismarck-Ära, die man rasch mit Vokabeln wie »Sozialphilosoph des Kapitalismus« zu fassen suchte (NL, S. 193 f.). Nimmt man noch die um 1906 durch die Edition von Förster-Nietzsches *Der Wille zur Macht* anhebende und 1914 explosionsartig um sich greifende Karriere Nietzsches als Kriegsphilosoph hinzu, etwas allgemeiner geredet: seine damals erstmals vorgenommene Indienststellung für durchaus fragwürdige politische Ziele, die schließlich in der Nazi-Ideologie mündeten, verwundert ein deutlich ins rechte Spektrum weisendes Urteil nicht.

»Sozialphilosoph des Kapitalismus«

So sah dies offenbar auch Rudolf Augstein 1981 in einer hoch suggestiv bebilderten Titelstory des *Spiegel*. Freilich: Das Wort vom »antipolitischen Deutschen« sucht man hier vergebens, auch das vom »guten Europäer«, ersatzweise wird (insgesamt dreimal) die »grosse Politik« beschworen und so getan, als verstünde sie sich im Verein mit der Vokabel »blonde Bestie« von selbst, nämlich dahingehend, dass Nietzsche als Stichwortgeber Hitlers gelten müsse. Augstein ließ denn auch im Zuge seiner Empörung über Nietzsches »leichtfertiges Gerede« (so auch Ivo Frenzel 2000, S. 146) den wichtigen erläuternden Zusatz aus *Zur Genealogie der Moral* fort, der in der Summe dafür spricht, dass Nietzsches Thema nicht das der Bagatellisierung von »Studentenstreichen« (so Augstein, eine For-

»Täter Hitler, Denker Nietzsche«, *Der Spiegel* 24/1981. Illustration von Michael Mathias Prechtl

> »Das tiefe, eisige Misstrauen, das der Deutsche erregt, sobald er zur Macht kommt, auch jetzt wieder – ist immer noch ein Nachschlag jenes unauslöschlichen Entsetzens, mit dem Jahrhunderte lang Europa dem Wüthen der blonden germanischen Bestie zugesehn hat.« (Friedrich Nietzsche, *Zur Genealogie der Moral;* A 5, S. 275 f.).

mulierung Nietzsches nutzend) war. Sondern es ging ihm um eine historisch belehrte und sozialpsychologisch aufgeklärte Warnung vor jenem Verfall, der sich in dem Typus der »blonden Bestie«, als politisches Problem gelesen, bekundet.

Nietzsches politische Sozialisation

Um diese Warnung in ihrer Bedeutung zu erfassen, ist es unverzichtbar, Nietzsches politische Sozialisation zumindest bis zu diesem Zeitpunkt etwas genauer in Augenschein zu nehmen. Der Anfang ist dabei zu setzen bei Richard Wagner, der mit seinem u. a. gegen den jüdischen Komponisten Giacomo Meyerbeer (1791-1864) gerichteten, erstmals 1850 (anonym) erschienenen Pamphlet *Das Judentum in der Musik* (2. Aufl. 1869) dem Antisemitismus der damals anhebenden »völkischen Bewegung« (Breuer 2008) eine wichtige Orientierung gab. Dass dies anfänglich auch für Nietzsche galt, zeigen u. a. seine Vorträge *Über die Zukunft unserer Bildungsanstalten* (1872), aus denen sich der Hörer darüber belehren lassen durfte, dass sich das, was »sich jetzt mit besonderem Dünkel ›deutsche Kultur‹ nennt«, nicht mehr sei als ein »kosmopolitisches Aggregat, das sich zum deutschen Geiste verhält, wie der Journalist zu Schiller, wie Meyerbeer zu Beethoven« (A 1, S. 690). Nach dem Bruch mit dem Meister war alles anders: Nietzsche verwarf 1878 jenes Pamphlet Wagners, dem er noch sechs Jahre zuvor nachgeeifert hatte, als »literarische Unart« (A 2, S. 310).

Wagners Antisemitismus

Von der hiermit greifenden Wende in Nietzsches politischer Ausrichtung war auch der nach Wagner zweitwichtigste Repräsentant der völkischen Bewegung, Paul de Lagarde (1827-1891), betroffen. Ursprünglich hatte Nietzsche dessen Schriften mit gewissem Interesse gelesen und hierüber, etwa im April 1873, auch Wagner berichtet (B 4, S. 145). Die Folgen waren beachtlich. So war Lagarde noch im Juli 1877 als Mitarbeiter der von Wagner begründeten *Bayreuther Blätter* (1878-1938) im Gespräch (vgl. Ferrari Zumbini 1990, S. 261). Lagarde lehnte das Angebot allerdings ab, was aber nicht für eine Diskrepanz inhaltlicher Art zeugt.

Nietzsche und Lagarde als Antipoden

Anders Nietzsche: Er brauchte zwar einige Zeit, um seinen Gegensatz zu Wagner und Lagarde zu finden. 1879 allerdings, in der zweiten der Schriften, die er nach seiner Trennung von Wagner verfasste, war es so weit: Nietzsche beantwortete die von Wagner aufgeworfene und von ihm hoffnungsfroh an Lagarde weitergereichte Frage »Was ist deutsch?« mit einem spöttischen, aber vielsagenden »*Gut deutsch sein heisst sich entdeutschen*« (A 2, S. 511). Der Tendenz nach war damit jener Kommentar vorweggenommen, mit dem Nietzsche 1885/86 Lagardes für Hitler wichtige Aufsatzsammlung *Deutsche Schriften* (1878-81) versah: »[M]an muß schon bis zum letzten Wagner und seinen Bayreuther Blättern hinuntersteigen, um einem ähnlichen Sumpf von Anmaaßung, Unklarheit und Deutschthümelei zu begegnen, wie es die Reden an die D[eutsche] N[ation] sind.« (A 12, S. 55)

Ein deutliches Urteil wie dieses blieb allerdings dem Nachlass oder den Briefen aus jener Zeit vorbehalten, wurde also nicht öffentlich. Und: Wer, aus dem völkischen Lager kommend, nur Nietzsches frühe Werke kannte, konnte durchaus zu der Annahme gelangen, er habe es mit einem Gesinnungsgenossen zu tun, zumal Nietzsches Arbeiten seit 1874 (bis 1884) von einem antisemitischen Verleger publiziert wurden. Dieser Aspekt verärgerte Nietzsche zwar zunehmend, veranlasste ihn aber nicht zum Handeln – womit die Stunde des von Hitler als Vorläufer anerkannten radikalen Verlegers und Politikers Theodor Fritsch (1852-1933) schlug. Ermuntert von seinem Freund und Kampfgefährten Bernhard Förster, Nietzsches Schwager, war Fritsch Anfang 1887 auf die Idee verfallen, Nietzsche für die antisemitische Sache und insbesondere für die Mitarbeit an der von ihm herausgegebenen und verlegten *Antisemitischen Korrespondenz* – einem völkischen Hetzblatt im Stil der *Bayreuther Blätter* – zu ›keilen‹. Nietzsche war zutiefst empört, wie seine briefliche Antwort offenbart, die auf einige Beiträge der ihm übersandten Hefte dieser Zeitschrift Bezug nimmt. Für Fritsch war nach dieser Kampfansage an die Adresse fast aller damaligen Heroen der

Anwerbungsversuch für die antisemitische Sache

»[D]ieses abscheuliche Mitredenwollen noioser Dilettanten über den *Werth* von Menschen und Rassen, diese Unterwerfung unter ›Autoritäten‹, welche von jedem besonneneren Geiste mit kalter Verachtung abgelehnt werden (z.B. E. Dühring, R. Wagner, Ebrard, Wahrmund, P. de Lagarde – wer von ihnen ist in Fragen der Moral der unberechtigtste, ungerechteste?), diese beständigen absurden Fälschungen und Zurechtmachungen der vagen Begriffe ›germanisch‹, ›semitisch‹, ›arisch‹, ›christlich‹, ›deutsch‹ – das Alles könnte mich auf die Dauer ernsthaft erzürnen.« (Friedrich Nietzsche in einem Brief vom 29. März 1887 an Theodor Fritsch; B 8, S. 51)

Nietzsches Kampfansage an die Heroen der völkischen Bewegung

völkischen Bewegung die Sache klar: Er reagierte mit einer vernichtenden Rezension von *Jenseits von Gut und Böse*, in welcher er Nietzsche als »philosophische[n] Seichtfischer« abfertigte, der nur den »flache[n] geistreichelnde[n] Schwatz eines angejüdelten Stuben-Verlehrten« (Krummel 1998b, S. 143) zu bieten habe. In der Folge warnte Fritsch seine Gesinnungsgenossen immer wieder vor Nietzsche und veröffentlichte dessen Absagebrief vom 29. März 1887, ebenso wie einen weiteren vom 23. März, was in linken Emigrantenkreisen nach 1933 sorgsam registriert und in ein Argument pro Nietzsche verwandelt wurde. Eine Folge dessen ist das vergleichsweise positive Nietzsche-Bild in Frankreich, etwa bei Georges Bataille oder Albert Camus: Es basiert wesentlich auf Kenntnis jener Briefe.

Das Nietzsche-Bild in Frankreich

Anders in Deutschland: Hier wurden diese Dokumente und damit die wohl wichtigsten Zeugnisse für Nietzsches Anti-Antisemitismus erst nach 1975 publik, was noch lange nicht bedeutet, dass sie nun zumal von marxistischen Nietzsche-Kritikern zur Kenntnis genommen wurden. Ihnen – als Exempel mag hier der Verweis auf Domenico Losurdo (2009) dienen – scheint auch die gerade in diesem Fall sich als besonders verhängnisvoll erweisende Editionspolitik von Nietzsches Schwester unbekannt zu sein. Deswegen gilt es hier daran zu erinnern, dass ihr die in Nietzsches Brief an Fritsch vom 29. März 1887 vorgetragene Abrechnung auch mit den Ideen ihres Ehemanns derart zuwider war, dass sie über vierzig Jahre hinweg alles dafür tat, diesen Brief, ein weiteres Schreiben ihres Bruders an

Marxistische Ignoranz

Fritsch sowie alle in Richtung dieser Korrespondenz weisenden Zeugnisse in Nietzsches Werk in Vergessenheit zu bringen (NL, S. 114 ff.). Abgesehen von der Verfälschung von *Der Wille zur Macht* (NL, S. 427 ff.) und dem Bemühen, ihrem Bruder mittels gefälschter Briefe und erfundener Anekdoten eine geistige Nähe zu dem von Richard Wagner verehrten Rassetheoretiker und Hitler-Vorläufer Arthur Comte de Gobineau anzudichten (NL, S. 142 f.), war dies fraglos Förster-Nietzsches wichtigster Beitrag zur Nazifizierung Nietzsches – abgesehen vielleicht von der Ehre, die sie dem ›Führer‹ bei dessen Besuch in Weimar erwies.

Der Wille zur Macht

Nazifizierung Nietzsches

Dass Nietzsches Schwester mit diesem Bemühen auch auf Unterstützung von oben zählen konnte, zeigt beispielsweise das von Hitlers Hoffotograf Heinrich Hoffmann 1934 sorgfältig arrangierte Foto mit Hitler, die Büste Nietzsches fixierend.

Hitler beim Besuch in Weimar, neben einer Nietzsche-Büste von Fritz Röll, 1932

Besonderes Interesse für diese Einordnung Nietzsches entwickelte der NS-Pädagoge Alfred Baeumler (1887-1968), dessen Berliner Antrittsvorlesung am 10. Mai 1933 den letzten geistigen Impuls für die am Abend des gleichen Tages stattfindende Bücherverbrennung auf dem Berliner Opernplatz gab. Noch vor 1933 hatte Baeumler die Dokumentation *Nietzsche in seinen Briefen und Berichten der Zeitgenossen* vorgelegt. Bekannt wurde er aber vor allem durch seine zweibändige Ausgabe *Nietzsches Philosophie in Selbstzeugnissen* aus dem Reclam-Verlag, die nach 1933 als Schulausgabe diente. Dies war insofern fatal, als sie die nicht in Baeumlers ›System‹ passenden Schriften der mittleren Schaffensperiode schlicht ignorierte. Diese Art der Editionspolitik verstärkte den aus nationalsozialistischer Perspektive erwünschten Eindruck, der ›wahre‹ Nietzsche verberge sich in der »Philosophie des Willens zur Macht« (Baeumler 1931, S. 80 f.).

Damit war auch der Baeumler-Kritiker Martin Heidegger (1889-1976) im Spiel, der das Konstrukt vom ›Willen zur Macht‹ nutzte, um, durchaus in Anlehnung an Baeumler, den Anspruch auf Werkeinheitlichkeit zu unterstreichen – mit problematischen Folgen: »Wenn alles Seiende Wille zur Macht ist, dann ›hat‹ nur Wert und *›ist‹* nur ein Wert solches, was die Macht in ihrem Wesen erfüllt. Macht ist aber nur Macht als Machtsteigerung.« (1961b, S. 37) Dies war, auf dem Stand des Jahres 1940 mündlich vorgetragen, auf fatale Weise affirmativ und zeugte für einen Missverstand des von Nietzsche Intendierten. Denn wenn dieser von einer »herrschenden Kaste« oder von einer »Erdregierung« (A 11, S. 72) sprach, dachte er keineswegs, wie Heidegger offensichtlich annahm, daran, »daß die Weltentdeckung und Welteroberung und die jeweiligen Aufbrüche dazu von hervorragenden Einzelnen übernommen und geleistet werden müssen« (1961b, S. 37). Vielmehr zielte Nietzsche auf eine »Gemeinschaft freier Einzelner« (A 11, S. 395), verstanden als eine Sozialform der Bindung, der er selbst existenziell bedürftig war und der seiner Auffassung nach die Zeit namentlich dann und dort bedurfte, wo sie sich als Barbareiepoche darlegte. Nietzsches sozialphilosophisches Konzept war also ein gerade der Zeit, in der Heidegger über ihn schrieb, diametral zuwiderlaufendes.

Erdregierung?

Einer der wenigen, die diese und andere Themen Nietzsches in ihrer auch zeitdiagnostischen Relevanz einzuordnen wussten, war Theodor W. Adorno (1903-1969). Er war sich auch der Problematik bewusst, die der Berufung auf Nietzsche nach 1945 innewohnte. So muss man nur wenig wissen über das in der Summe verheerende Nietzsche-Bild, das gerade in den um Entnazifizierung auf Kosten Nietzsches bemühten höheren Kreisen des Bildungsbürgertums der Adenauer-Ära, aber auch im Bereich der 68er-Bewegung vorherrschte, um die Provokation ermessen zu können, die Adornos Einleitungsvortrag zum 16. Deutschen Soziologentag 1968 barg. Adorno nämlich schreckte bei seiner Antwort auf die Frage *Spätkapitalismus oder Industriegesellschaft?* und mithin bei seiner Stellungnahme zur Aktualität von Marx nicht davor zurück, ausgerechnet den Antisozialisten Nietzsche für seinen Ausblick auf eine vom Typus des ›letzten Menschen‹ bestimmte Epoche zu loben, wobei er an den *Zarathustra*-Passus dachte: »Die Erde ist dann klein geworden, und auf ihr hüpft der letzte Mensch, der Alles klein macht. [...]. Kein Hirt und Eine Heerde! Jeder will das Gleiche, Jeder ist gleich: wer anders fühlt, geht freiwillig in's Irrenhaus.« (A 4, S. 19 f.) Adorno sprach diesem Zitat das Verdienst der Einsicht zu, »daß Unfreiheit [...] universal über die Menschen sich ausbreitet« (1968, S. 360). Inzwischen weiß man, auch dank der nachgelassenen Schriften und Vorlesungen, bedeutend mehr über den Reichtum von Adornos Nietzsche-Bild und ist beispielsweise darüber in Kenntnis gesetzt, dass Adorno selbst seinen Satz, dass es kein richtiges Leben im falschen gebe (1963, S. 9), in Nietzsches Formulierung aus *Menschliches, Allzumenschliches* wiederfand: »Das ganze menschliche Leben ist tief in die Unwahrheit eingesenkt.« (A 2, S. 54) Im Blick auf Nietzsches Verständnis ›neuer‹ Aufklärung (NL, S. 35 ff.) liegt insoweit die Versuchung nahe, ihn als Ideengeber des Projekts der Kritischen Theorie geltend zu machen, eingedenk etwa auch von Nietzsche-Zitaten wie dem folgenden: »Wir, die wir in der Sumpfluft der Fünfziger Jahre Kinder gewesen sind, sind mit Nothwendigkeit Pessimisten für den Begriff ›deutsch‹: wir können gar nichts Anderes sein als Revolutionäre, – wir werden keinen Zustand der Dinge zugeben, *wo der Mucker* obenauf ist.« (A 6, S. 288) Dies hätte auch jemand sagen können, der einhundert Jahre nach Nietzsche auf die Welt gekommen wäre und den Weg der 68er-Generation beschritten hätte. Ihm wäre möglicherweise sogar schon evident gewesen, was heutzutage vor allem aus postsozia-

Theodor W. Adorno, um 1965

Nietzsche als Ideengeber der Kritischen Theorie

listischer Sicht unbestritten scheint: nämlich dass Nietzsches in *Wir Furchtlosen* im Auftrag der »Kinder der Zukunft« vorgetragene Kritik an denen, die ein »Reich der Gerechtigkeit und Eintracht auf Erden« anstrebten, ohne zu sehen, dass dieses »unter allen Umständen das Reich der tiefsten Vermittelmässigung und Chineserei sein würde« (A 3, S. 629), berechtigt war.

Um abschließend auf das eingangs aufgeworfene Problem zurückzukommen: All dies ist unvereinbar mit dem Kodex totalitärer Ideologien und erlaubt insgesamt den Schluss, dass man zumindest den mittleren und späten Nietzsche als durchaus hellsichtigen Diagnostiker der »décadence« seiner Epoche und insoweit als Verfechter einer »großen Politik« im Auftrag des »guten Europäers« sehen kann, der sich zugleich und durchaus mit Recht als »antipolitischen« Deutschen wahrnahm – dies jedenfalls im Vergleich mit jenen, die sich in ihrem politischen Handeln als Sachwalter eines zur Geltung zu bringenden spezifisch deutschen Erbes verstanden.

Nietzsche-Wirkung als Nietzsche-Kult?

Die Rezeption Nietzsches ist bis heute ungebrochen und trägt zum Teil kultische Züge. Am Beginn stand der Pernestorfer Kreis um den von Nietzsche anfangs hoch geschätzten Dichter Siegfried Lipiner, der vor allem dem Frühwerk des Philosophen und damit einem Standpunkt huldigte, den Nietzsche selbst spätestens ab 1877 als überwunden ansah. Fünf Jahre später organisierte sich in Berlin um Paul Rée und Lou von Salomé ein ›philosophisches Kränzchen‹, dem zeitweilig u. a. Heinrich von Stein, Paul Deussen, Georg Brandes, der experimentelle Psychologe Hermann Ebbinghaus, der Soziologe Ferdinand Tönnies sowie der Pädagoge Rudolf Lehmann angehörten (Krummel 1998a, S. 97 f.). Die große Rezeptionswelle begann aber erst unmittelbar nach Nietzsches Zusammenbruch im Januar 1889, als erste Hinweise dafür sprachen, dass Nietzsche als Modeschriftsteller jugendlicher Leser Furore zu machen begann. Nun hob eine erbittert geführte Schlacht um die Deutungshoheit über Nietzsche an, wie schon Tönnies' Nietzsche-Philippika und die dort vorgetragene Abscheu über »dürftige

Modeschriftsteller

und mittelmäßige Halb-Genies« (1893, S. 104) verrät. Zu nennen ist in diesem Zusammenhang auch die satirische Erzählung *Der Klub der Übermenschen* (1895) von Rosa Mayreder-Obermayer: Gebaut um die damals populäre, von Nietzsche eher beiläufig zitierte Assassinen-Losung »Nichts ist wahr, alles ist erlaubt« (A 5, S. 399) spielt die Autorin deutlich auf Nietzsches Vision einer Rettung der »Erstlinge und Frühgeburten des kommenden Jahrhunderts« (A 3, S. 574) an, ebenso auf deren Fragwürdigkeit.

Durchaus positiver, wenngleich eugenisch verengt las Ellen Key Nietzsche: In der Arche Noah, die in ihrem reformpädagogischen Klassiker *Das Jahrhundert des Kindes* (1900) dazu ausersehen ist, einer notwendig werdenden Sintflut der Pädagogik zu trotzen, ließ sie in der Hauptsache Platz für Rousseau, Montaigne und eben auch für Nietzsche, dem sie das Motto für ihr Buch entlieh. In Richtung einer auf Emanzipation weisenden

> »Eurer *Kinder Land* sollt ihr lieben: diese Liebe sei euer neuer Adel, – das unentdeckte, im fernsten Meere! Nach ihm heisse ich eure Segel suchen und suchen! / An euren Kindern sollt ihr *gut machen*, dass ihr eurer Väter Kinder seid: alles Vergangene sollt ihr *so* erlösen! Diese neue Tafel stelle ich über euch!« (Friedrich Nietzsche, *Also sprach Zarathustra III: Von alten und neuen Tafeln*; A 4, S. 255)

Lesart Nietzsches geht auch Helene Stöckers (1869-1943) Aufsatz *Unsere Umwertung der Werte* (1898), eine Programmschrift der Frauenbewegung, die im Wesentlichen auf Motiven aus Nietzsches Freigeistepoche beruht. Stöcker, lebenslang Nietzsche verbunden (Krummel 1998a, S. 182), entwickelte daraus eine temperamentvolle Attacke gegen das »entsetzliche Ausgesperrtsein« der Frau, »während ringsumher alles im tosenden Lebensmeer kämpft und ringt« (1898, S. 10). Ähnliches findet sich, nun stärker bezogen auch auf sexuelle Befreiung, in Texten von Franziska Gräfin zu Reventlow (1871-1918), dies auch als Folge einer als Erweckungserlebnis verbuchten *Zarathustra*-Lektüre der 19-Jährigen, die sie in ihrer autobiographischen Novelle *Ellen Olestjerne* (1903) nachzubilden suchte: »[D]ie alte morsche Welt mit ihrer Gesellschaft und ihrem Christenthum

Emanzipationsbewegung

Erweckungserlebnis

fiel in Trümmer, und die neue Welt, das waren sie selbst mit ihrer Jugend, ihrer Kraft, mit allem, was sie schaffen und ausrichten wollten.« (Zit. n. Hillebrand 1978a, S. 143) In dieselbe Richtung weist auch das frühe Nietzsche-Interesse bei Walter Benjamin, Siegfried Bernfeld und Gustav Wyneken und deren Schülerzeitschrift *Der Anfang* (1913 / 14) sowie das des Wandervogels Walter Hammer (eigentl. Walter Hösterey, Pseudonym nach dem Untertitel der *Götzen-Dämmerung*) in dessen Buch *Nietzsche als Erzieher* (1914): Anklagend und aufbegehrend wird hier wie dort die um sich greifende Militarisierung der Mentalität beklagt, ebenso wie die überlieferte Leibfeindlichkeit, und dies im Interesse der Suche nach einem ›neuen‹ Menschen. Auch die zentralen Schülerdramen der Jahrhundertwende – Frank Wedekinds *Frühlings Erwachen* (1891), Hermann Hesses *Unterm Rad* (1905), Heinrich Manns *Professor Unrat* (1905) oder Robert Musils *Die Verwirrungen des Zöglings Törleß* (1906) – sind diesem Themenkomplex zuzurechnen. Als Ideal rückte bei alldem Nietzsches Attitüde des Freigeistes ins Zentrum, zusammen mit der Forderung, der Jugend Selbsterziehung und eigenbestimmte Kulturproduktion zu ermöglichen.

Der Nietzsche-Kult des Fin de Siècle gerät damit zu einer epochentypischen Kampfansage der Jungen an die Alten, die eine Kampfansage in umgekehrter Richtung nach sich zieht: In katholischer Lesart wird Nietzsche so zum ›verbotenen‹ Philosophen (Köster 1998), ganz allgemein zum ›Jugendverführer‹, was sich insbesondere im Kontext der damaligen Schülerselbstmorddebatte als hilfreich erwies, gleichsam bis hin zu dem ausgerechnet von Theodor Fritsch auf Nietzsche-Lektüre zurückgeführten, als Duell getarnten Doppelselbstmord(-versuch) von Rudolstadt vom Oktober 1911 mit dem später unter dem Künstlernamen Hans Fallada berühmt gewordenen ältesten Sohn

> »Die Nietzscheschen Ansichten haben viele Gegner gefunden, wie dies bei dem vielen Paradoxen und Umstürzenden in ihnen natürlich, andererseits auch viele Freunde besonders in der jungen Generation, in dieser zum Teil wegen der Zersetzung des Traditionellen.« (Meyers Konversations-Lexikon von 1896; zit. n. Krummel 1998a, S. 394)

eines Leipziger Reichsgerichtsrats als Hauptperson. Dieser reüssierte fortan als gehobener Unterhaltungsschriftsteller, scheiterte aber mit seiner hoch expressionistischen, durch Nietzsche angeregten frühen Prosa im Stil des Pubertätsromans *Der junge Goedeschal* (1920) ebenso wie mit dem Versuch, das Rudolstädter Geschehen in *Unterprima Tott* (1939-41) literarisch nachzubearbeiten.

Der gelegentlich behauptete Einfluss Nietzsches auf die um 1900 anhebende Jugendbewegung lässt sich vor diesem Hintergrund etwas besser einordnen. Denn tatsächlich ist dieser Einfluss im Sinne einer in sich tragfähigen, den Kern von Nietzsches Botschaft berührenden Idee nur in politisch linken Kreisen zu verzeichnen, dies als Folge der seit 1887 geführten Anti-Nietzsche-Kampagne von Theodor Fritsch und Gesinnungsgenossen – darunter der Rassenzuchtideologe Willibald Hentschel und der Kulturantisemit Adolf Bartels. Partielle Bezugnahmen der Rechten auf Nietzsche sind damit natürlich nicht ausgeschlossen, so etwa bei Ernst Wachler, dem Führer der völkischen Heimatkunstbewegung, auch beim Lebensreformer und Illustrator Fidus (eigentl. Hugo Höppner), der seiner Zeichnung *Am Traualter* (1906) das *Zarathustra*-Zitat unterlegte: »Ehe: so heisse ich den Willen zu Zweien das Eine zu schaffen, das mehr ist, als die es schufen. Ehrfurcht vor einander nenne ich Ehe als vor den Wollenden eines solchen Willens.« (A 4, S. 90) Freilich: Fidus gab hiermit lediglich ein Zeichen für seine Lesart des Übermenschen, nicht aber etwa einen Beleg für die gleichwohl bis auf den heutigen Tag weit verbreitete These, Nietzsche müsse als Prophet der Jugendbewegung und sein *Zarathustra* als deren Kultbuch gelten (NL, S. 185 f.). Gleiches gilt für das von den Nazis geschätzte Weltkriegsmelodram *Der Wanderer zwischen beiden Welten* (1916), dessen Autor Walter Flex letztlich nichts weiter demonstriert als sein Sehnen, für seine völkische Religion

***Am Traualtar*, Zeichnung von Fidus (d. i. Hugo Höppener), 1906**

Schutz und Unterkunft im *Zarathustra* zu finden. Dass derlei an Nietzsches Intentionen vorbeigehen musste, hatte Hermann Hesse (1877-1962) unmittelbar nach dem Ersten Weltkrieg erkannt, als er die für den *Zarathustra* schwärmende Jugend des Weltkriegsdesasters in *Zarathustras Wiederkehr* (1919) ermahnte, wieder zu sich selbst zurückzukehren. Hesse, der sei-

»Es gab einmal einen deutschen Geist, einen deutschen Mut, eine deutsche Mannhaftigkeit, welche sich nicht nur im Herdenlärm und der Massenbegeisterung äußerte. Der letzte große Geist dieser Art ist Nietzsche gewesen, und er ist, inmitten des damaligen Gründertums und der damaligen Herdengesinnung in Deutschland, zum Anti-Patrioten und Anti-Deutschen geworden. An ihn will mein Ruf erinnern, an seinen Mut, an seine Einsamkeit.« (Hermann Hesse, *Zarathustras Wiederkehr*, S. 5)

nerseits mit dem *Steppenwolf* (1927) einen gewissen Nietzsche-Kult in Sachen Zivilisationskritik stiften sollte, hatte gute Gründe, so zu verfahren, eingedenk etwa von Zarathustras Spott auf »alle Gläubigen«, der in der Warnung an seine ›Jünger‹ nachwirkt, er werde sie widrigenfalls als ihre »Bildsäule« (A 4, S. 101) erschlagen. Ganz in diesem Sinne empörte sich Nietzsche in *Ecce homo* über »jene schauerlichen Zwitter von Krankheit und Willen zur Macht, die man Religionsstifter nennt« (A 6, S. 259), um ersatzweise Parolen zu erproben wie »Religionen sind Pöbel-Affairen« oder: »Ich habe eine erschreckliche Angst davor, dass man mich eines Tages heilig spricht.« (A 6, S. 365)

Spott auf »alle Gläubigen«

Wenn diese Seite Nietzsches ins Abseits rückte und in peinlichen Elogen vom Typus *Im Siegeswagen des Dionysos* (1924) aus der Feder des sich als *Zarathustra*-Nachdichter missverstehenden ›Romanciers‹ Walter von Hauff einem ersten Höhepunkt zutrieb, dann nicht zuletzt infolge des von Nietzsches Schwester zielgerichtet geprägten Nietzsche-Kults. Er erreichte 1914 mit der Indienststellung Nietzsches als (deutscher) Kriegsphilosoph einen ersten Höhepunkt, der beispielsweise in Ernst Jüngers *Das Wäldchen 125* nachwirkt (Krummel 1998b, S. 885), ganz zu schweigen von Nietzsches diesbezüglich weiterer »Karriere« im Zweiten Weltkrieg. Begonnen hatte diese insoweit überaus fatale Entwicklung 1895 mit dem ersten Band einer dreibändigen Nietzsche-Biographie Elisabeth Förster-Nietzsches, die mit den hier unterbreiteten Anekdoten sowie mit nicht eben selten gefälschten Auszügen aus bis dato noch nicht veröffentlichten Briefen und Werken Nietzsches ganz auf den Zweck der Heiligsprechung Nietzsches und der Deutschsprechung seiner Lehre abstellte.

Heiligsprechung Nietzsches – Deutschsprechung seiner Lehre

Diesem Themenkomplex ist auch das 1918 erschienene, bewusst als *Versuch einer Mythologie* angelegte und von Thomas Mann in seiner Eigenschaft als Autor der *Betrachtungen eines Unpolitischen* (1918) euphorisch begrüßte Nietzsche-Buch Ernst Bertrams zuzurechnen. Nietzsches Gedicht *Ecce homo* aus *Die fröhliche Wissenschaft* bildet hier den Ausklang und war auch im

»Ja! Ich weiss, woher ich stamme!
Ungesättigt gleich der Flamme
Glühe und verzehr ich mich.
Licht wird Alles, was ich fasse,
Kohle Alles, was ich lasse:
Flamme bin ich sicherlich!«
(Friedrich Nietzsche, *Die fröhliche Wissenschaft*; A 3, S. 367)

Kreis um Stefan George – dem Bertram angehörte – populär. Es galt hier als Zeichen für die von George schon seit seinem Gedicht *Nietzsche* (1900) reklamierte Nachfolge in Sachen Seherpose und Prophetentum im Dienste eines elitär-aristokratischen Kults (NH, S. 452 ff.; NL, S. 130: Kaufmann 1974/82, S. 9 ff.: Karlauf 2007, S. 381 ff.).

Derlei Lesarten wurden von dem Umstand begünstigt, dass Nietzsche wiederholt über fehlende Anhänger geklagt hatte und sich gegenüber Overbeck gar zu der Formulierung hinreißen ließ: »[W]enn ich es nicht so weit treibe, daß ganze Jahrtausende auf meinen Namen ihre höchsten Gelübde thun, so habe ich in meinen Augen Nichts erreicht.« (B 6, S. 506) Im Lichte dieses Zitats gelesen, wäre also Nietzsche selbst der zentrale Anreger des Nietzsche-Kults, zu dem man auch die Planung eines Nietzsche-Denkmals, eines Nietzsche-Tempels, eines Nietzsche-Stadions sowie einer (1934 realisierten) Nietzsche-Gedenkhalle zu rechnen hat, ganz zu schweigen von den Bemühungen Förster-Nietzsches, das Weimarer Archiv »als Pen-

Nietzsche als Anreger eines Nietzsche-Kults

Elisabeth Förster begrüßt Hitler vor dem Nietzsche-Archiv in Weimar, 1934

Das Nietzsche-Archiv als »Kult- und Wallfahrtszentrum«

dant zu Bayreuth zu einem Kult- und Wallfahrtszentrum für Nietzsche« (NH, S. 485) auszubauen.

Im weiteren Sinn umfasst der Begriff des Nietzsche-Kults also alles, was nicht – wie beim Beispiel der jugendspezifischen Nietzsche-Verehrung der Jahrhundertwende – auf einzelne Aspekte des Werkes zurückgeht, sondern auf das Ganze der Person oder Botschaft Nietzsches (NL, S. 273 ff.). So gerät beispielsweise der von Nietzsche in *Ecce homo* als Ausgangspunkt für den Gedanken der ewigen Wiederkunft bezeichnete Felsblock bei

> »Ich gieng an jenem Tage am See von Silvaplana durch die Wälder; bei einem mächtigen pyramidal aufgethürmten Block unweit Surlei macht ich Halt. Da kam mir dieser Gedanke.« (Friedrich Nietzsche, *Ecce homo*; A 6, S. 335)

Surlej im Oberengadin zum »Zarathustra-Stein«, der heute nicht nur gestressten Managern im Rahmen eines bildungsbürgerlich ausgerichteten Hochalpen-Tourismus als Ausflugsziel dient.

Nietzsche-Kult heute

Spuren für einen engeren, thematisch, aber auch zeitlich und regional begrenzten Nietzsche-Kult lassen sich also allenthalben identifizieren, auch im Kino, etwa wenn Nietzsche unter Konzentration auf seine angeblich martialische Lehre als Vorbild sich als gottähnlich fingierender psychopathischer (Negativ-)Helden vorgeführt wird. Dies gilt etwa für Filme wie *A Fish called Wanda* (USA 1988) oder *The dark Knight* (USA 2008), der

Kevin Kline als Otto West in *A Fish Called Wanda* (Regie: Charles Crichton), USA/GB 1988

den an Nietzsche angelehnten Kalauer bringt: »What doesn't kill me makes me str…anger.« (Zit. n. Hoffmann 2009, S. 45) Filme wie diese haben ihr Vorbild offenbar in Nachrichten wie jener, wonach »eine Gruppe Jugendlicher aus Pearl River, Mississippi« sich zu ihrem »mörderischen Streifzug« (Danto 1998, S. 9) durch Nietzsche inspirieren ließ.

Suggestive Macht der Sprache

Das letztgenannte Beispiel lehrt, dass Nietzsche zum Kult taugt auch wegen der suggestiven Macht einzelner Sentenzen. Besonders der – in der Lebensreformbewegung um 1900 als antizivilisatorisch gelesene – Slogan »*gefährlich leben!*« (A 3, S. 526) erwies sich als folgenreich: Mussolini ließ sich von ihm inspirieren, aber auch Thomas Mann fand hier den Anhaltspunkt, den Helden seines Romans *Doktor Faustus* (1947) Adrian Leverkühn zu nennen. Ein anderes Beispiel gibt Robert Musil in seinem Romantorso *Der Mann ohne Eigenschaften* (1930-1952), wenn er die Nietzsche-Jüngerin Clarisse Ulrich fragen lässt, ob man die Menschen nicht dahin bringen müsse, so zu leben, wie Nietzsche es verlange – und damit eine Variation zu dem von Musil via Nietzsche angestimmten Hohen Lied auf den ›Möglichkeitssinn‹ resp. ›Möglichkeitsmenschen‹ vorträgt.

Postmoderne Leser

Postmoderne Nietzsche-Interpreten entdeckten in *Die fröhliche Wissenschaft* den kaum versteckten »Aufruf zur Kreativität, zu neuen Gebilden und unverbrauchten Idealen, in deren Glanz wir uns nach unserem eigenen Bilde neu erschaffen könnten«

»*Eins ist Noth.* – Seinem Charakter ›Stil geben‹ – eine grosse und seltene Kunst! Sie übt Der, welcher Alles übersieht, was seine Natur an Kräften und Schwächen bietet, und es dann einem künstlerischen Plane einfügt, bis ein Jedes als Kunst und Vernunft erscheint und auch die Schwäche noch das Auge entzückt.« (Friedrich Nietzsche, *Die fröhliche Wissenschaft*; A 3, S. 530)

(Danto 1998, S. 236). Vergleichbar befreiend wirkte der Abschnitt *Wie die ›wahre‹ Welt endlich zur Fabel wurde* (aus der *Götzen-Dämmerung*), der beispielsweise von Pierre Klossowski, Gianni Vattimo, Jacques Derrida oder auch Richard Rorty so gedeutet wurde, als habe Nietzsche hier seiner Einsicht in die Unmöglichkeit von Wahrheitserwerb und Daseinsrechtfertigung Ausdruck verschafft (so auch Schönherr-Mann 2008, S. 37). In der Regel wird dabei allerdings übersehen, dass Nietzsche in jenem Abschnitt die Geschichte keineswegs zu Ende erzählt und insoweit die Option bleibt auf eine ›andere‹ Welt des Wissens und des Vernunftgebrauchs. Auslegungsdebatten wie diese – über die weiterhin gestritten werden muss – bezeugen zumindest eins: Nietzsche besitzt offenbar genau das, was ihm Jürgen Habermas absprach: etwas »Ansteckendes« (1968, S. 237). Insoweit bleibt er bis auf den heutigen Tag im Geschäft, das allerdings der kritischen Aneignung des von ihm Überlieferten bedarf und keine Heiligenverehrung verträgt, ebenso wenig wie müde Gags und platte Gesten.

Nietzsche – nur Narr?

Nietzsches Wirkung litt von Beginn an unter dem zumeist an *Also sprach Zarathustra* festgemachten Verdacht, es handele sich bei dem Autor um nichts weiter als um einen Verrückten – ein Attribut, das schon Nietzsche selbst angesichts der ersten Reaktionen auf dieses Werk erahnt hatte (B 6, S. 321). Jahre später, nach Nietzsches Zusammenbruch und den zahlreichen Spekulationen über dessen Ursache, war es so weit. Die Richtung gab Julius Langbehn vor, der sich Nietzsches Mutter im Verlauf des Jahres 1889 als Verehrer ihres Sohnes vorstellte und die alte Dame vorübergehend mit der Annahme verwirrte, Nietzsches

Vgl. S. 43 ff.

»zeitweilige nervliche Erschöpfung« gründe in seiner – in den späten Schriften eingenommenen – »Kampfstellung gegen das Christentum« (Janz 1978c, S. 95). Dieser Auffassung blieb Langbehn treu bis zu Nietzsches Tod, den er brieflich als faktisches Ende seiner Hoffnung akzeptierte, dieser werde seine Meinung über das Christentum ändern und sich selbst als »reine Natur, in die der Teufel gefahren ist« (zit. n. Podach 1930, S. 133) restituieren.

Eine »reine Natur, in die der Teufel gefahren ist«

In Richtung dieses Pathologieverdachts aus gleichsam bürgerlicher, wenn nicht gar spießbürgerlicher Besorgnis agierte auch Hermann Türck, der im März 1890 durch Gerüchte über eine angeblich erbliche Disposition Nietzsches für Geisteskrankheiten aufgeschreckt war und keine Mühe hatte, eins und eins zusammenzuzählen: »Haß […] gegen alles Menschliche […] ist die Signatur seines ganzen Denkens und Fühlens, wie sie sich in allen seinen Schriften seit dem unglücklichen Jahr 1876 ausspricht, dem Jahr, in welchem sein schweres Kopfleiden ausbrach und damit zugleich die ererbte Seelenstörung überhand nahm.« (1891, S. 25) Nietzsche nach Wagner ist nicht weiter ernst zu nehmen, sollte dies wohl heißen, in Vorwegnahme einer später gerade unter Wagnerianern in Mode kommenden Lesart Nietzsches. In der Summe meinte Türck, Nietzsche dem von Émile Zola in seinem gerade erschienenen Roman *La bête humaine* (1890; dt.: *Das Tier im Menschen*) gezeichneten Krankheitstypus zurechnen zu können. Auffällig ist dabei die gänzlich enthemmte Sprache Türcks. Lesarten wie diese, der Türck auch noch in seinem Bestseller *Der geniale Mensch* (1896) anhing, waren um 1900 verbreitet bei Psychiatern. Zu nennen ist hier vor allem Paul J. Möbius (1853-1907), Autor der antifeministischen Kampfschrift *Über den physiologischen Schwachsinn des Weibes* (1900). Elisabeth Förster-Nietzsche hatte Möbius eigens angeheuert, um ein gegen den Verdacht einer Erbkrankheit votie-

Edvard Munch, *Nietzsche II*, 1906

rendes Gutachten über ihren Bruder zu erstellen. Möbius erfüllte zwar diese Erwartung, verlor aber fast die Beherrschung angesichts von *Zarathustra IV*, speziell »das über alle Beschreibung widerliche Eselsfest« betreffend, ebenso wie die »vollkommen blödsinnig[en]« (1902, S. 125) Verse *Unter Töchtern der Wüste*. Einwände wie diese waren hilfreich in der Zeit vor dem Ersten Weltkrieg, als Nietzsche im Fokus eines in erzieherischer Absicht geführten Prozesses stand, dessen Zweck klar war: Nietzsche, den die Jugend gerade zu ihrem allerneuesten Heroen und Verführer – auch zum Ungehorsam, wenn nicht gar zum Suizid – auserkoren hatte, drohte aus der Sicht des damaligen pädagogischen Mainstreams gefährlich zu werden. Dieser verfiel, am deutlichsten erkennbar bei Friedrich Paulsen (NL, S. 286 f.), auf die Gleichung, Nietzsche sei pathologisch, *weil* anti-christlich, anti-bürgerlich und anti-deutsch.

Derlei Umgang mit dem Philosophen stand eine andere, gesellschafts-, kulturkritische und verstehensorientierte zur Seite, wie sie beispielsweise am Abend des 1. April 1908 in Sigmund Freuds ›Mittwoch-Gesellschaft‹ vorgeführt wurde. Aber es war nicht sehr erbaulich, was man bei dieser Gelegenheit zu Gehör brachte: etwa Spekulationen darüber, ob nicht Nietzsches »Eintreten für rücksichtsloses Ausleben [...] eine Verwerfung seiner eigenen, ihm aufgezwungenen Lebensumstände« sei (Eduard Hitschmann); ob nicht seine Herrenmoral damit zusammenhänge, »daß er der einzige Herr in seiner Familie war« (Isidor Sadger); nicht zu vergessen: ob nicht zu seinem Sadismus »die Betonung der Mundzone (die Schlange im Munde in *Zarathustra* und Krötenträume)« (Otto Rank) passe (zit. n. Federn 1984, S. 282 ff.). Schon diese wenigen Beispiele machen deutlich: Die Zeit war noch nicht reif für einen wirklich stimmigen Zugriff in Sachen Leben und Werk Nietzsches, sei es wegen des noch unzulänglichen Wissens ums Studienobjekt, sei es wegen der unzureichenden Elaboriertheit der psychoanalytischen Methode.

Die weitere Entwicklung sei hier nur ausgehend von drei Daten skizziert: Rank ging 1926 nach Frankreich, Hitschmann emigrierte 1938 in die USA, und Sadger wurde 1942 im KZ Theresienstadt ermordet. Von der Psychoanalyse als einem immerhin doch tolerierten ideologiekritischen Verfahren konnte mit Beginn des Nazi-Terrors keine Rede mehr sein, und dies passte letztlich ganz gut zu der Theoriepolitik Elisabeth Förster-Nietzsches und des Weimarer Nietzsche-Archivs: In Deutschland war man ab 1914 eines ›Kriegsphilosophen‹ und zwei Jahrzehnte später eines ›Naziphilosophen‹ bedürftig, und dabei dachte man beide Male an Friedrich Nietzsche. Beider Zwecke wegen behandelte man das vermeintlich Pathologische an ihm mit äußerster Nachsicht bzw. mit entsprechender Klugheit, in Anlehnung an die Strategie Förster-Nietzsches, ihm, dem Pathologischen, Nietzsches Anti-Deutschtum zuzuschlagen.

Nietzsches Anti-Deutschtum als Indiz für Pathologie?

Verunsichert durch diesen Vorlauf sowie in der Folge des nach 1945 anhebenden Bemühens um eine möglichst nüchterne Nietzsche-Philologie hat es der biographieorientierte Ansatz nicht leicht gehabt, sich eine eigene, seriöse Stimme zu geben. Entsprechend waren es eher Außenseiter wie Max Kesselring, Hermann Josef Schmidt oder Joachim Köhler, die nachdrücklich die Notwendigkeit betonten, dass man Nietzsche von seiner Biographie her begreifen müsse. Wie sehr derlei lange Jahre in Opposition zur herrschenden Meinung geschah, zeigt der Streit um Erich F. Podachs Buch *Ein Blick in Nietzsches Notizbücher* (1963): Podach wollte die von Nietzsches Schwester lange Jahre dominierte, im Nietzsche-Archiv betriebene Legendenbildung demaskieren. Im Zuge dieses Bestrebens suchte er unter Nutzung eines wenig bekannten Textes vom Juli 1862 zu belegen, dass Nietzsche damals, mit fünfzehn Jahren, ein »hervorragend begabter, phantasiereicher Pornograph sadistischen Einschlags« (1963, S. 193) gewesen sei. Es war dieser kleine, keinesfalls fehlgehende Kommentar, der damals, auf dem Höhepunkt einer sich gerade erst wieder konsolidierenden seriösen Nietzsche-Forschung, provozieren musste und Eckhard Heftrich (1964) dazu veranlasste, in rigider Form die Grenzen der psychologischen Nietzsche-Deutung zu ziehen. Dabei war Podachs Hauptanliegen weit weniger anstößig als der Eindruck, der nach Präsentation dieser Marginalie entstanden sein mag. Denn in erster Linie ging es ihm um das Bemühen, nach dem im Dritten Reich betriebenen Missbrauch mit einem Nietzsche, dessen

Nietzsche von seiner Biographie her begreifen

systematischer Anspruch angeblich in der Beschwörung des »Willens zur Macht« kulminiere, wieder zu einem Bild zu gelangen, das auch Platz für Brüche ließ.
Dass das hier umschriebene Problem nichts an Aktualität verloren hat, zeigt das Beispiel des Buches *Nietzsche zur Einführung* des Nietzsche-Forschers Werner Stegmaier. Zwar wird hier Nietzsches Leben nachgezeichnet – aber eher als Pflichtaufgabe, wie die Schlussfolgerung erkennen lässt, von den »Erfahrungen« Nietzsches sei im Werk »kaum oder nur am Rande die Rede« (2011, S. 63). Von etwas anderer Art ist der Einspruch des Kantianers Reinhard Brandt gegen den biographischen Ansatz resp. *Ecce homo* resp. einzelne abfällige Äußerungen Nietzsches aus diesem autobiographischen Werk. Dabei ist daran zu erinnern: Schon Förster-Nietzsche hatte Passagen wie die von Brandt gemeinten, die sie als persönlich oder jedenfalls doch als den Kaiser (Wilhelm II.) beleidigend empfand, als pathologieverdächtig angesehen und deswegen unterdrückt – ein Vorgehen, das in der Linie von Brandts Einwand liegt, Textstellen wie diese widersprächen der »europäische[n] Vernunfttradition« und forcierten eine »Ebene der Auseinandersetzung«, die notwendig zur »›Zerstörung der Vernunft‹« (2005, S. 114) beitragen müsse. Indes: Immerhin war es Nietzsche selbst gewesen, der gegen jene ›europäische Vernunfttradition‹ den Verdacht vortrug, jede »grosse Philosophie« sei bisher kaum mehr gewesen als »eine Art ungewollter und unvermerkter mémoires« (A 5, S. 19).

Plakat der Ausstellung »Die unheilige Elisabeth« im Nietzsche-Haus Naumburg, 2007

Dass dieser im weiteren Sinne wissenschaftspsychologische Forschungsauftrag Risiken in sich birgt, sei nicht bestritten. Dies zeigt ja auch schon der Satz aus *Wir Furchtlosen*: »Man nehme es als symptomatisch, wenn einzelne Philosophen, wie zum Beispiel der schwindsüchtige Spinoza, gerade im sogenannten Selbsterhaltungs-Trieb das Entscheidende sahen, sehen mussten: – es waren eben Menschen in Nothlagen.« (A 3, S. 585) Von dieser Bemerkung ausgehend, lässt sich kaum die Anschlussfrage vermeiden, ob nicht auch Nietzsche aus einer ihn höchst existentiell berührenden Notlage heraus philosophierte. Indes hätte Nietzsche sein Mutmaßen wohl nur in dunkelsten Momenten darauf erstreckt, man könne dereinst sein eigenes philosophisches Wollen mit diesen von ihm vorbereiteten psychologischen Waffen derart unvermittelt entwerten, wie dies im Vorhergehenden etwa am Beispiel von Hermann Türck geschildert wurde. Besonders muss dabei empören, dass die Keule »Pathologieverdacht« herhalten musste im Kampf gegen das Spätwerk, das seiner Deutschtums- und Christentumskritik wegen als politisch inopportun gelesen wurde. Durch derlei Missbrauch ist allerdings nicht der Gebrauch an sich diskreditiert, also die Forschungsfrage, wie das vermeintlich für sich stehende Theoretische mit dem Menschlich-Allzumenschlichen zusammenhängt. Und dies war Nietzsches Thema, wie zuletzt sein Diktum belegt: »Ehemals fragte man: ist der Gedanke wahr? Jetzt: wie sind wir auf ihn gekommen? Welches war seine treibende Kraft?« (A 9, S. 232)

Nietzsche und die Psychologie

Nietzsche hat über seinen Rang als Psychologe wenig Zweifel zugelassen, entsprechend früh zeigten (gute) Leser in dieser

> »Dass aus meinen Schriften ein *Psychologe* redet, der nicht seines Gleichen hat, das ist vielleicht die erste Einsicht, zu der ein guter Leser gelangt.« (Friedrich Nietzsche, *Ecce homo*; A 6, S. 305).

Hinsicht Aufmerksamkeit (NL, S. 309 ff.; NH, S. 509 ff.), wie das Urteil Paul Ernsts belegen mag: »Vor allem ist er ein Psycholog, einer von jenen seltenen intellectuellen Hypochondern, deren Selbstbeobachtung wir die genauesten und wahrsten Aufschlüsse über das Seelenleben verdanken.« (1890, S. 517) Die Vokabel »Hypochonder« lässt es bereits erkennen: Man sah durchaus, dass das eine – die Subtilität von Nietzsches Psychologie – durch das andere, also die psychologische Problematik Nietzsches, bedingt werde. »Für den Psychologen«, so Wilhelm

Weigand 1893 in der ersten Monographie zum Thema, »bedeutet das ›Problem Nietzsche‹ einen Glücksfall der allerseltensten Art: aus diesem hochgespannten Geiste reden die geheimsten modernen Wünsche und Begierden ihre bezauberndste Sprache; in seinen Ausbrüchen finden wir Alles, was die widerspruchsvolle moderne Seele peinigt und beglückt.« (1893, S. 6) Drei Jahre darauf wurde Nietzsche im *Brockhaus* erstmals unter dem Stichwort »Psychologe ersten Ranges« (Krummel 1998a, S. 315) gelistet. Ähnlich sahen die Sache später Literaten wie Alfred Döblin, Thomas Mann oder auch Gottfried Benn, aber auch Philosophen wie Hans-Georg Gadamer, der Nietzsche als genialen Psychologen anerkannte, »der die Oberfläche durchdringt und dahinter Verborgenes, Geheimes, Verstelltes, Ungesagtes gewahrt« (1986, S. 3).

»Psychologe ersten Ranges«

Auch Fachvertreter äußerten sich in dieser Art. Dabei muss allerdings beachtet werden, dass die moderne Psychologie wenig Neigung zeigt, sich ihrer aus der Philosophie entstammenden Impulse zu erinnern. In der Umkehrung folgt daraus, dass das Nietzsche-Interesse bei Außenseitern der Disziplin eher erwartet werden darf, auch bei Idolen auf dem Therapiesektor wie etwa C. G. Jung, der allerdings eher die Symbolik des *Zarathustra* und die Psychologie Nietzsches denn Nietzsches Psychologie thematisierte (NL, S. 186). Auch Alfred Adler zeigte vorübergehend ein gewisses Interesse für Nietzsche, den er als Vordenker einiger seiner eigenen theoretischen Konstrukte und therapeutischen Maßgaben auswies (NL, S. 17 f.). Vor allem aber ist hier, zumal im Windschatten des auch als Film erfolgreichen Romans *When Nietzsche wept* (1992; dt. *Und Nietzsche weinte*) aus der Feder des Psychiaters Irvin D. Yalom, an Sigmund Freud (1856-1939) zu denken. In der Sekundärliteratur zu diesem Themenkomplex wird bis auf den heutigen Tag heftig darüber gestritten, ob Freud nicht doch, abweichend von seiner bei verschiedenen Gelegenheiten abgegebenen einschlägigen Versicherung, Nietzsche intensiv gelesen habe oder durch Dritte – etwa durch Josef Paneth oder seine (spätere) Schülerin Lou Andreas-Salomé – besser als bisher gemutmaßt informiert war. An dieser Debatte ist Freuds Zugeständnis wichtig, dass Nietzsches »Ahnungen und Einsichten« sich oft, ähnlich wie jene Schopenhauers, »in der erstaunlichsten Weise mit den mühsamen Ergebnissen der Psychoanalyse decken« (1925, S. 86). Welche dies sind, hat insbesondere Reinhard Gasser (1997) in minutiöser Zusammenstellung aufzulisten versucht. Hier muss der Hinweis auf die Parallelen zwischen Freud und Nietzsche genügen, die im Zuge der im Vorhergehenden vorgetragenen Werkerläuterungen auffällig geworden sind, angefangen vom Begriff der Sublimierung über den des Traums, des Unbewussten und des Es bis hin zu der von Nietzsche im *Zarathustra* vorangetriebenen Infragestellung des Paradigmas der Leibfeindlichkeit.

Parallelen zwischen Freud und Nietzsche

Sigmund Freud

Das letzte Stichwort gibt Anlass, die Parallele zwischen Nietzsche und Freud in grundlegender Weise auf den Begriff zu bringen. Denn natürlich wird man auch die Psychoanalyse jenem – bei Nietzsche immer auch antichristlich unterlegten – Kampf gegen die Leibfeindlichkeit zurechnen dürfen, hier in Gestalt des spezifischen Beitrags Freuds zur um 1900 aufkommenden ›sexuellen Frage‹. Erwähnt sei nur die provozierende Beiläufigkeit, mit der Freud davon sprach, dass unter der Herrschaft kultureller Sexualmoral Gesundheit und Glück beeinträchtigt sein könnten (1908, S. 143). Dies sowie der Zusatz, das Ziel des Sexualtriebes sei nicht auf Fortpflanzung gerichtet, sondern auf Lustgewinn (ebd., S. 151), mussten in einer Epoche provozieren, für die ebenjene Leibfeindlichkeit ein Konstitutivum war und der Nietzsche eben deswegen schon gut dreißig Jahre zuvor vorgehalten hatte, die (priesterliche) Lüge »von der Kinderzeugung als der eigentlichen Absicht aller Wollust« (A 2, S. 541) unters Volk zu bringen.

Betrachtet man das insbesondere in Nietzsches Spätwerk deutlich werdende Interesse an Psychologie in diesem Kontext, muss auffallen, dass (auch) er nicht bei Fachleuten fündig wurde, sondern bei Literaten wie Dostojewski, aber auch bei Paul Bourget, Anatole France oder Guy de Maupassant. In Letzteren erblickte er »delikate Psychologen«, die ihm eine »charmante Gesellschaft« (A 6, S. 285) seien. Unter dem Stichwort des »Litteratur-Pessimismus Frankreichs« (A 13, S. 75) würdigte Nietzsche des Weiteren Gustave Flaubert, Edmond und Jules de Goncourt, Charles Baudelaire, auch Émile Zola. Deren literarisches Gestalten kennzeichnete er mit Ausdrücken wie »Brutalität der Farben, des Stoffes, der Begierden« (A 12, S. 473), wobei er durchaus nicht frei war von Kritik gegenüber derlei »Colportage-Psychologie« (A 6, S. 115), wenngleich er diesen Literaten eines konzedierte: »Die Dinge sind häßlich, die sie zeigen.« (A 13, S. 241) Aber: Sie nicht zu zeigen würde bedeuten, sich der Perpetuierung des ›Hässlichen‹, deutlicher: des, mit Bourget geredet, auf Verfall angelegten Habitus der »Décadence« (NL, S. 72 f.) schuldig zu machen.

Deswegen auch empörte sich Nietzsche so sehr über seine angeblich so »geduldige, mütterliche« (Lisson 2004, S. 170) Freundin Malwida von Meysenbug (1816-1903), die ihn Mitte Oktober 1888 darüber belehrte, dass Bourget »unter dem Titel der sogenannten Realistik in jene ungesunden Sümpfe der modernen Litteratur hinab taucht von denen die reinen, die keuschen Musen sich mit Ekel wenden« (KGB III 6, S. 330). Nicht nur, dass Nietzsche diesen Satz so lesen musste, als sei auch er gemeint, schlimmer noch: mit diesem einen Satz, mittels dessen die Erkenntnis auf dem Altar der Moral geopfert wird, hatte sich von Meysenbug ersichtlich auf die andere Seite geschlagen, hielt es also gleichsam mit der von Nietzsche verachteten »Naumburger Tugend«, die gleichfalls nichts mehr fürchtete als die Thematisierung jener »ungesunden Sümpfe«.

Hätte Nietzsche noch das zweifelhafte Vergnügen gehabt, vergleichbaren Lesarten seiner Ambitionen und deren Wirkung beizuwohnen, hätte er es möglicherweise auch noch mit Eduard Spranger (1882-1963) zu tun bekommen: Geist war diesem geisteswissenschaftlichen Philosophen, Psychologen und Pädagogen aus der Schule Wilhelm Diltheys eine Welt von eigener Art. Entsprechend energisch verwahrte er sich gegen Nietzsches Vorschlag, das Geistige als sublimiert zu betrachten, und entsprechend harsch zog er her über die in »großstädtischen Verhältnissen« gedeihenden »Frank-Wedekind-Figuren«, die »sich in ihrem Schlamm teilweise recht wohl« fühlten, wenngleich diese Art von ›Fortschritt‹, »unter dem Aspekt der Volksgesundheit«

betrachtet, nur den Schluss erlaube: »[H]ier bereitet sich der ›Untergang des Abendlandes‹ vor.« (1924, S. 137) Gott sei Dank, so ist man an dieser Stelle fast versucht auszurufen, dass Spranger um Rat in dieser Not nicht verlegen war, und sei es nur im Blick auf die Bildungswirkung der »großen Gegenstände, die die Seele ganz erfüllen« (ebd., S. 138), ganz zu schweigen von der Präventivwirkung des Nichtwissens, des Unschuldigen, die er aufzubieten sucht gegen die Verführungseffekte der großstädtischen Lebenswelt. Wieder also lässt sich hier, ähnlich wie fast vierzig Jahre zuvor im Fall von Meysenbug, das Verbot von Forschung im Namen der Moral beobachten, und dies im krassen Gegensatz zu Nietzsches Programm.

»Die gesammte Psychologie ist bisher an moralischen Vorurtheilen und Befürchtungen hängen geblieben: sie hat sich nicht in die Tiefe gewagt.« (Friedrich Nietzsche, *Jenseits von Gut und Böse;* A 5, S. 38)

Eingedenk von Adornos Forderung angesichts des Faschismus – und insoweit des Auftrags, dass sich Auschwitz nicht wiederhole –, es sei notwendig, »die Theorie der Gesellschaft durch Psychologie [...] zu ergänzen« (1955, S. 42), liegt es nahe, Nietzsches Psychologie zum vielleicht wichtigsten Vermächtnis des gelernten Altphilologen aus Röcken zu rechnen. Deutlicher macht dies die Rückbesinnung auf Adornos – als Parallelstück zu Nietzsches *Die fröhliche Wissenschaft* angelegte – Aphorismensammlung *Minima Moralia* (1951), insbesondere den auf das Jahr 1935 zu datierenden Aphorismus Nr. 123 mit dem Titel *Der böse Kamerad* betreffend. Adorno versucht hier deutlich zu machen, dass die Formel »Erziehung nach Auschwitz« aus der Perspektive seiner Kindheitserinnerung betrachtet den Auftrag meint, erzieherisch das Handeln aus einem beschädigten Leben heraus zu beenden, aus einem Leben jedenfalls, das falsch ist und der Richtigkeit entbehrt. An dessen Stelle hat ein auch durch Erziehung zu bewirkendes ›richtiges Leben‹ zu treten, ein Leben ohne Ressentiments in Offenheit für das andere und den anderen. Im Prinzip, so die hier verfochtene Schlussthese, war exakt dies auch schon die Frage Nietzsches zumindest in seiner Zeit nach Wagner.

Der böse Kamerad

Anhang

Zeittafel

1844 15. Oktober: Friedrich Wilhelm Nietzsche wird als ältester Sohn des Pfarrers Carl Ludwig Nietzsche und seiner Frau Franziska in Röcken bei Lützen geboren.

1846 10. Juli: Geburt der Schwester Elisabeth.

1849 27. Februar: Geburt des Bruders Ludwig Joseph. – 30. Juli: Tod des Vaters.

1850 4. Januar: Tod des Bruders. – Umzug der Familie nach Naumburg.

1858 6. Oktober: Besuch des Gymnasiums in Schulpforta (bis 29. September 1864).

1864 16. Oktober: Immatrikulation für Theologie und Philologie an der Universität Bonn.

1865 Zum Wintersemester: Wechsel nach Leipzig, Entdeckung Artur Schopenhauers, Studium der Philologie bei Friedrich Ritschl (bis zum Sommersemester 1867).

1868 November: Bekanntschaft mit Richard Wagner in Leipzig.

1869 12. Februar: Berufung als Professor der Klassischen Philologie an die Universität Basel.

1869 17. Mai: Erster Besuch bei Richard Wagner und Cosima von Bülow in Tribschen.

1869 28. Mai: Antrittsrede in Basel, sie erscheint Ende des Jahres unter dem Titel *Homer und die klassische Philologie* als Privatdruck.

1870 8. August: Nietzsche bittet um Beurlaubung von seinen Pflichten, um am Deutsch-Französischen Krieg (als Krankenpfleger) teilzunehmen. Nach wenigen Wochen schwere Erkrankung (u. a. Ruhr). – Beginn der Freundschaft mit Franz Overbeck.

1872 2. Januar: *Die Geburt der Tragödie aus dem Geiste der Musik* erscheint. – Januar bis März: Nietzsche hält in Basel insgesamt fünf Vorträge *Über die Zukunft unserer Bildungsanstalten*. – Mai: Grundsteinlegung des Bayreuther Festspielhauses im Beisein Nietzsches. – Weihnachten: Nietzsche übersendet Cosima Wagner als Geburtstagsgeschenk *Fünf Vorreden zu fünf ungeschriebenen Büchern*.

1873 8. August: Veröffentlichung von *Unzeitgemässe Betrachtungen. Erstes Stück: David Strauss der Bekenner und der Schriftsteller.*

1874 Februar: Veröffentlichung von *Unzeitgemässe Betrachtungen. Zweites Stück: Vom Nutzen und Nachtheil der Historie für das Leben.* – Oktober: Veröffentlichung von *Unzeitgemässe Betrachtungen. Drittes Stück: Schopenhauer als Erzieher.*

1875 Oktober: Beginn der Freundschaft mit Paul Reé.

1876 Juli: Veröffentlichung von *Unzeitgemässe Betrachtungen. Viertes Stück: Richard Wagner in Bayreuth.* Nietzsche besucht die ersten Bayreuther Festspiele und reist enttäuscht wieder ab. – Oktober: Reise nach Sorrent, wo Nietzsche u. a. mit Paul Reé auf Einladung Malwida von Meysenbugs den Winter verbringen wird. Zunehmende Entfremdung von Wagner. – Oktober: Nietzsche wird von seinen Lehrverpflichtungen am Baseler Pädagogium aus Krankheitsgründen (bis Ostern 1878) entbunden.

1878 Ende April: *Menschliches, Allzumenschliches* erscheint. – Ende Juni: Haushaltsauflösung, Nietzsche bezieht eine kleine Wohnung am Baseler Stadtrand. – August: Durch einen polemischen Aufsatz Wagners in den *Bayreuther Blättern* wird der Bruch zwischen Nietzsche und Wagner öffentlich.

1879 März: *Vermischte Meinungen und Sprüche* erscheint. – 2. Mai: Nietzsche richtet ein Entlassungsgesuch an die Erziehungsbehörde wegen anhaltender gesundheitlicher Beschwerden, wird genehmigt. – Dezember: *Der Wanderer und sein Schatten* erscheint.

1880 14. März: Reise nach Venedig. Nietzsche diktiert dort Heinrich Köselitz die *L'Ombra di Venezia.*

1881 Juli: *Morgenröthe* erscheint. – August: Während seines ersten Sommeraufenthalts in Sils-Maria notiert sich Nietzsche den Gedanken der ewigen Wiederkunft.

1882 4. Februar: Paul Reé besucht Nietzsche in Genua. – 29. März: Nietzsche reist per Segelboot nach Messina. – April: Nietzsche lernt in Rom Lou von Salomé kennen. – Mai: Die *Idyllen aus Messina* erscheinen. – August: Nietzsche verbringt mit Lou von Salomé einige Wochen im Tautenburger Wald. – 20. August: *Die fröhliche Wissenschaft* erscheint. – November:

Nietzsche bricht mit Lou und Paul Reé sowie in der Folge auch mit seiner Schwester (mit der er sich zwischenzeitlich vorübergehend wieder versöhnt).

1883 14. Februar: Tod Richard Wagners in Venedig. – Mai: *Also sprach Zarathustra* erscheint. – September: *Also sprach Zarathustra II* erscheint.

1884 April: *Also sprach Zarathustra III* erscheint.

1885 April: *Also sprach Zarathustra IV* erscheint in einer Kleinstauflage von 40 Exemplaren, die Nietzsche an Freunde und Bekannte verteilt (und später teilweise wieder zurückfordert). – 22. Mai: Nietzsches Schwester heiratet den Antisemiten Bernhard Förster.

1886 August: *Jenseits von Gut und Böse* erscheint. – Oktober: Die Neuausgabe der *Geburt der Tragödie* mit dem *Versuch einer Selbstkritik* erscheint, ebenso eine Neuausgabe von *Menschliches, Allzumenschliches I* und *II*. In rascher Folge erscheinen auch Neuausgaben von *Also sprach Zarathustra I-III* sowie der vier *Unzeitgemäßen Betrachtungen*.

1887 Juni: Es erscheinen Neuausgaben der *Morgenröthe* und der *Fröhlichen Wissenschaft* mit neuen Vorreden, das letztgenannte Werk enthält ein neues fünftes Buch namens *Wir Furchtlosen*. – November: *Zur Genealogie der Moral* erscheint.

1888 September: Es erscheint *Der Fall Wagner*, während Nietzsche die Niederschrift der *Götzen-Dämmerung* abschließt und an *Der Antichrist* arbeitet. – 15. Oktober: An seinem 44. Geburtstag beginnt Nietzsche mit der Arbeit an seiner Autobiographie *Ecce homo*. – Dezember: Nietzsche entscheidet sich, *Ecce homo* zu publizieren, spricht sich aber dagegen aus, auch *Nietzsche contra Wagner* zu veröffentlichen. Die Aufzeichnungen Nietzsches zeigen erste Spuren einer Geistesverwirrung.

1889 Anfang Januar erklärt Nietzsche *Dionysos-Dithyramben* für druckfertig, *Götzen-Dämmerung* erscheint. In zahllosen Briefen vom 3. und 4. Januar offenbart sich der geistige Zusammenbruch Nietzsches in Turin. – 8. Januar: Overbeck holt Nietzsche in Turin ab und bringt ihn nach Basel in die dortige Nervenklinik. – 18. Januar: Nietzsche wird in die Psychiatrische Universitätsklinik von Jena überstellt. – 13. Mai: Die Mutter holt ihren Sohn nach Naumburg und pflegt ihn dort über Jahre hinweg. – 3. Juni: Tod (Selbstmord) Bernhard Försters, dadurch wird Nietzsches Schwester als Nachlassverwalterin ihres Bruders verfügbar.

1894 Ende November: *Der Antichrist* (mit 1895 auf der Titelseite) erscheint, mit ersten Eingriffen der Schwester in den Text.

1895 Mai: Der erste Band der (1904 abgeschlossenen) großen Nietzsche-Biographie Förster-Nietzsches erscheint, zu verzeichnen sind (aus heutiger Sicht) zahllose Fälschungen und teils frei erfundene Anekdoten.

1896 Ende des Jahres fasst Förster-Nietzsche den Plan, zwecks Korrektur des auf den Aphoristiker abstellenden Nietzsche-Bildes aus Nietzsches unveröff. Texten den Band *Der Wille zur Macht* zu kompilieren.

1897 20. April: Tod der Mutter, die Schwester zieht mit Nietzsche und dem noch in Naumburg gegründeten Nietzsche-Archiv nach Weimar.

1900 25. August: Nietzsche stirbt in Weimar. – Mitte Oktober: Der erste Band der von Nietzsches Schwester veranlassten Edition *Friedrich Nietzsches Gesammelte Briefe* erscheint, dadurch gelangen (bis zum Abschluss der Edition im Jahre 1909) zahllose Brieffälschungen in Umlauf.

1901 *Der Wille zur Macht* erscheint, offeriert werden 483 Aphorismen, unter Missachtung von Nietzsches Publikationsverzicht sowie angeordnet gemäß Förster-Nietzsches Bestreben, ein geschlossenes System ihres Bruders zu suggerieren.

1906 *Der Wille zur Macht* erscheint in neuer Ausgabe, nun mit 1067 Aphorismen, ansonsten dem vorgenannten Zweck gehorchend, mit willkürlichen Eingriffen in die von Nietzsche nicht zur Publikation bestimmten Originaltexte (Kürzungen, Umstellungen, Neukontextualisierungen, Unkenntlichmachen von bloßen Zitaten etc.).

1908 *Ecce homo* erscheint zwanzig Jahre nach der Niederschrift in einer von der Schwester verfälschten Fassung. Um die Verzögerung zu begründen, fälschte Förster-Nietzsche zahllose Briefe.

1914 Förster-Nietzsche versucht ihren Bruder in zahllosen Zeitungsartikeln sowie mittels der Kriegsausgabe des *Zarathustra* als Kriegsphilosophen ins Gespräch zu bringen.

1922 Förster-Nietzsche stellt *Nietzsches prophetische Worte über Staaten und Völker* zusammen – und trägt damit zur Wahrnehmung Nietzsches als eines antidemokratischen Denkers bei.
1933 Förster-Nietzsche überreicht Hitler Nietzsches Degenstock.
1935 11. November: Hitler nimmt an der Trauerfeier für Förster-Nietzsche im Nietzsche-Archiv teil und beglaubigt damit den Erfolg ihres Bemühens um Nazifizierung Nietzsches.
1944 15. Oktober: Zu Nietzsches 100. Geburtstag adelt der *Völkische Beobachter* Nietzsche mit einer Titelgeschichte.
1966 September: In der renommierten Fischer-Bücherei erscheint als Bd. 784 Georg Lukács' *Von Nietzsche zu Hitler* und damit ein Zeichen dafür, dass das Streben nach Entnazifizierung auf Kosten Nietzsches im Bürgertum angekommen ist.
1967 Im Verlag de Gruyter erscheint der erste Band der von Giorgio Colli und Mazzino Montinari edierten *Kritischen Gesamtausgabe*, womit eine philologisch korrekte Präsentation der Werke und Briefe Nietzsches sowie des Nachlasses in Aussicht steht.
1972 Der erste Band der *Nietzsche-Studien* erscheint und darf als Anzeichen für die Normalisierung der Nietzsche-Forschung gelesen werden.
2000 Mit seinem 100. Todestag erweist sich Nietzsche als der meistzitierte Philosoph weltweit.
2010 Mit der Eröffnung des Nietzsche-Dokumentationszentrums in Naumburg wird eine dem Ort und Anlass würdige Arbeits- und Begegnungsstätte geschaffen.

Bibliographie

Im Text verwendete Siglen

A Friedrich Nietzsche: *Sämtliche Werke*. Kritische Studienausgabe in 15 Bänden. Hg. von Giorgio Colli und Mazzino Montinari. München 1988.
B Friedrich Nietzsche: *Sämtliche Briefe*. Kritische Studienausgabe in 8 Bänden. Hg. von Giorgio Colli und Mazzino Montinari. München 1986.
GSD Richard Wagner: *Gesammelte Schriften und Dichtungen*. Bde. 1-10, Leipzig 4. Aufl. 1907. Bde. 11 u. 12, Leipzig 5. Aufl. o.J.
KGB Friedrich Nietzsche: *Kritische Gesamtausgabe. Briefwechsel*. Hg. von Giorgio Colli und Mazzino Montinari. Berlin, New York 1975 ff.
KGW Friedrich Nietzsche: *Kritische Gesamtausgabe. Werke*. Hg. von Giorgio Colli und Mazzino Montinari. Berlin, New York 1975 ff.
LWB *König Ludwig II. und Richard Wagner. Briefwechsel*. Bd. I-IV. Hg. vom Wittelsbacher Ausgleichs-Fonds u. von Winifred Wagner. Bearb. von O. Strobel. Karlsruhe 1936.
NH *Nietzsche-Handbuch*. Hg. von Henning Ottmann. Stuttgart, Weimar 2000.
NL *Nietzsche-Lexikon*. 2., durchgesehene und erweiterte Aufl. Hg. von Christian Niemeyer. Darmstadt 2011.
SW Arthur Schopenhauer: *Werke in fünf Bänden*. Hg. von Ludger Lütkehaus. Zürich 1991.

Quellen und Dokumente

Gilman, Sander L. (Hg.): *Begegnungen mit Nietzsche*. Bonn 1981.
Hillebrand, Bruno (Hg.): *Nietzsche und die deutsche Literatur*. Bd. I u. II. Tübingen 1978 (a,b).
Krummel, Richard Frank unter Mitw. von E. S. Krummel: *Nietzsche und der deutsche Geist*. Bd. I u. II (2., verb. u. erg. Aufl.), Bd. III (1998a-c), Bd. IV (2006). Berlin, New York 1998 u. 2006.
Overbeck, Franz: *Erinnerungen an Friedrich Nietzsche* (1906). Mit Briefen an Heinrich Köselitz und mit einem Essay von Heinrich Detering. Berlin 2011.
Pfeiffer, Ernst (Hg.): *Friedrich Nietzsche, Paul Rée, Lou von Salomé. Die Dokumente ihrer Begegnung*. Frankfurt/M. 1970.
Podach, Ernst F.: *Nietzsches Zusammenbruch. Beiträge zu einer Biographie auf Grund unveröffentlichter Dokumente*. Heidelberg 1930.
Wollkopf, Roswitha: *Elisabeth Nietzsche – Nora wider Willen? Ein bis-*

her unentdecktes Manuskript, in: *Nietzscheforschung* 1 (1994), S. 261-266.

Bibliographie, Jahrbücher

Weimarer Nietzsche-Bibliographie. Bde. 1-5. Stiftung Weimarer Klassik, Herzogin Anna Amalia Bibliothek. Bearb. von Susanne Jung, Frank Simon-Ritz, Clemens Wahle, Erdmann von Wilamowitz-Moellendorff, Wolfram Wojtecki. Stuttgart, Weimar 2000 (ab 2001 online).
Nietzsche-Studien. *Internationales Jahrbuch für die Nietzsche-Forschung*. Hg. von Günther Abel, Josef Simon u. Werner Stegmaier. Berlin, New York (erscheint seit 1972).
Nietzscheforschung. *Jahrbuch der Nietzsche-Gesellschaft*. Hg. von Volker Gerhardt u. Renate Reschke. Berlin (erscheint seit 1994).

Biographien und Einführungen

Andreas-Salomé, Lou: *Friedrich Nietzsche in seinen Werken*. Wien 1894.
Appel, Sabine: *Friedrich Nietzsche. Wanderer und freier Geist*. München 2011.
Förster-Nietzsche, Elisabeth: *Das Leben Friedrich Nietzsche's*. Bd. I (1895). Bd. II/1 (1897). Bd. II/2 (1904). Leipzig.
Frenzel, Ivo: *Friedrich Nietzsche*. Reinbek b. Hamburg 2000 (Neuausgabe).
Janz, Curt Paul: *Friedrich Nietzsche. Biographie*. Bd. 1-3. München 1978.
Kaufmann, Walter: *Nietzsche. Philosoph – Psychologe – Antichrist*. Darmstadt 1974/82.
Köhler, Joachim: *Zarathustras Geheimnis. Friedrich Nietzsche und seine verschlüsselte Botschaft. Eine Biographie*. Reinbek b. Hamburg 1992 (orig. 1989).
Lisson, Frank: *Friedrich Nietzsche*. München 2004.
Niemeyer, Christian: *Nietzsches andere Vernunft. Psychologische Aspekte in Biographie und Werk*. Darmstadt 1998.
Niemeyer, Christian: *Nietzsche verstehen. Eine Gebrauchsanweisung*. Darmstadt 2011.
Niemeyer, Christian: *Nietzsche: Die Hauptwerke. Ein Lesebuch*. Tübingen 2012.
Ross, Werner: *Der ängstliche Adler. Friedrich Nietzsches Leben*. Stuttgart 1980.
Safranski, Rüdiger: *Nietzsche. Biographie seines Denkens*. München, Wien 2000.
Schönherr-Mann, Hans-Martin: *Friedrich Nietzsche*. Paderborn 2008.

Stegmaier, Werner: *Friedrich Nietzsche zur Einführung*. Hamburg 2011.

Weitere Literatur

Adorno, Theodor W.: *Minima Moralia. Reflexionen aus dem beschädigten Leben* (1951), in: *Gesammelte Schriften (GS)*. Bd. 4. Frankfurt/M. 1997.

Adorno, Theodor W.: *Zum Verhältnis von Soziologie und Psychologie* (1955), in: *GS* 8. Frankfurt/M. 1972, S. 42-85.

Adorno, Theodor W.: *Fortschritt* (1962), in: *GS* 10.2. Frankfurt/M. 1977, S. 617-638.

Adorno, Theodor W.: *Probleme der Moralphilosophie* (1963), in: *Nachgelassene Schriften*. Bd. IV 10. Frankfurt/M. 1996.

Adorno, Theodor W.: *Spätkapitalismus oder Industriegesellschaft?* (1968), in: *GS* 8. Frankfurt/M. 1972, S. 354-370.

Andreas-Salomé, Lou: *Lebensrückblick. Grundriß einiger Lebenserinnerungen*. Frankfurt/M. 1968.

Aschheim, Steven E.: *Nietzsche und die Deutschen. Karriere eines Kults*. Stuttgart, Weimar 1992/96.

Baeumler, Alfred: *Nietzsche der Philosoph und Politiker*. Leipzig 1931.

Brandell, Gunnar: *Sigmund Freud – Kind seiner Zeit*. München 1976.

Brandt, Reinhard: *Nietzsche versus Plant & Kant versus Nietzsche*, in: Himmelmann, B. (Hg.): *Kant und Nietzsche im Widerstreit*, Berlin, New York 2005, S. 91-118.

Brann, Hellmut W.: *Nietzsche und die Frauen*. Leipzig 1931.

Danto, Arthur C.: *Nietzsche als Philosoph*. München 1998 (orig. 1965).

Decker, Kerstin: *Lou Andreas-Salomé. Der bittersüße Funke Ich*. Berlin 2010.

Deussen, Paul: *Erinnerungen an Friedrich Nietzsche*. Leipzig 1901.

Diethe, Carol: *Nietzsche's Women: Beyond the Whip*. Berlin, New York 1996.

Diethe, Carol: *Nietzsches Schwester und der Wille zur Macht. Biographie der Elisabeth Förster-Nietzsche*. Hamburg, Wien 2001.

Ernst, Paul: *Friedrich Nietzsche. Seine Philosophie*, in: *Freie Bühne* 1 (1890), S. 516-520.

Federn, Ernst (Hg.): *Freud im Gespräch mit seinen Mitarbeitern. Aus den Protokollen der Wiener Psychoanalytischen Vereinigung*. Frankfurt/M. 1984.

Ferrari Zumbini, Massimo: *Nietzsche in Bayreuth: Nietzsches Heraus-*

forderung, die Wagnerianer und die Gegenoffensive, in: *Nietzsche-Studien* 19 (1990), S. 246-291.

Figl, Johann: *Nietzsche und die Religionen. Transkulturelle Perspektiven seines Bildungs- und Denkweges*. Berlin, New York 2003.

Förster-Nietzsche, Elisabeth: *Der einsame Nietzsche*. Leipzig 1914.

Förster-Nietzsche, Elisabeth: *Friedrich Nietzsche und die Frauen seiner Zeit*. München 1935.

Freud, Sigmund: *Zur Psychopathologie des Alltagslebens* (1901), in: *Gesammelte Werke (GW)*. Bd. IV. Frankfurt am Main 1999.

Freud, Sigmund: *Die »kulturelle« Sexualmoral und die moderne Nervosität* (1908), in: *GW* VII, S. 143-167.

Freud, Sigmund: *»Selbstdarstellung«* (1925), in: *GW* XIV, S. 31-96.

Gadamer, Hans-Georg: *Das Drama Zarathustras*, in: *Nietzsche-Studien* 15 (1986), S. 1-15.

Gasser, Reinhard: *Nietzsche und Freud*. Berlin, New York 1997.

Goch, Klaus: *Nietzsches Vater oder Die Katastrophe des deutschen Protestantismus*. Berlin 2000.

Habermas, Jürgen: *Nachwort*, in: Ders. (Hg.): Nietzsche, F.: *Erkenntnistheoretische Schriften*. Frankfurt/M. 1968, S. 235-251.

Heftrich, Eckard: *Die Grenzen der psychologischen Nietzsche-Erklärung* (1964), in: Salaquarda, Jörg (Hg.): *Nietzsche*. Darmstadt 1980, S. 169-184.

Heidegger, Martin: *Nietzsche. Erster Band* (1961a). *Zweiter Band* (1961b). Pfullingen 1961.

Heller, Peter: *»Chemie der Begriffe und Empfindungen«. Studie zum 1. Aphorosmus von »Menschliches, Allzumenschliches«*, in: *Nietzsche – Studien 1* (1972), S. 210-233.

Hesse, Hermann: *Zarathustras Wiederkehr*. Bern 1919.

Hoffmann, David Marc: *»Was mich nicht umbringt, macht mich stärker«. Nietzsche-Rezeption und -wirkung im Spielfilm*, in: *Nietzscheforschung* 16 (2009), S. 39-48.

Karlauf, Thomas: *Stefan George. Die Entdeckung des Charisma*. München 2007.

Köster, Peter: *Der verbotene Philosoph. Studien zu den Anfängen der katholischen Nietzsche-Rezeption in Deutschland (1890-1918)*. Berlin, New York 1998.

Krummel, Richard Frank: *Josef Paneth über seine Begegnung mit Nietzsche in der Zarathustra- Zeit*, in: *Nietzsche-Studien* 17 (1988), S. 478-495.

Lange-Eichbaum, Wilhelm: *Nietzsche. Krankheit und Wirkung*. Hamburg 1947.

Losurdo, Domenico: *Nietzsche, der aristokratische Rebell. Intellektuelle Biographie und kritische Bilanz.* 2 Bde. Berlin 2009.
Mayreder-Obermayer, Rosa: *Der Klub der Übermenschen*, in: *Neue Deutsche Rundschau* 6 (1895), S. 1212-1228.
Möbius, Paul J.: *Nietzsche.* Leipzig 1902.
Naegele, Verena: *Parsifals Mission. Der Einfluß Richard Wagners auf Ludwig II. und seine Politik.* Köln 1995.
Niemeyer, Christian: *Nietzsche, die Jugend und die Pädagogik. Eine Einführung.* Weinheim u. München 2002.
Niemeyer, Christian: *Friedrich Nietzsches ›Also sprach Zarathustra‹.* Darmstadt 2007.
Podach, Ernst F.: *Ein Blick in Notizbücher Nietzsches.* Heidelberg 1963.
Reckmann, Alfons: *Lesarten der Philosophie Nietzsches. Ihre Rezeption und Diskussion in Frankreich, Italien und der angelsächsischen Welt 1960 – 2000.* Berlin, New York 2003.
Reich, Hauke: *Nietzsche-Zeitgenossenlexikon. Verwandte und Vorfahren, Freunde und Feinde, Verehrer und Kritiker von Friedrich Nietzsche.* Basel 2004.
Schaefer, Dirk: *Im Namen Nietzsches. Elisabeth Förster-Nietzsche und Lou Andreas Salomé.* Frankfurt am Main 2001.
Schmidt, Hermann Josef: *Friedrich Nietzsche in Röcken*, in: *Nietzscheforschung* 2 (1995), S. 35-60.
Sommer, Andreas Urs: *Der Geist der Historie und das Ende des Christentums. Zur »Waffengenossenschaft« von Friedrich Nietzsche und Franz Overbeck.* Berlin 1997.
Spranger, Eduard: *Psychologie des Jugendalters.* Leipzig 1924.
Stegmaier, Werner: *Nietzsches Befreiung der Philosophie. Kontextuelle Interpretation des V. Buchs der ›Fröhlichen Wissenschaft‹.* Berlin / Boston 2012.
Stöcker, Helene: *Unsere Umwertung der Werte* (1898), in: Dies.: *Die Liebe und die Frauen.* Minden o.J., S. 6-18.
Tönnies, Ferdinand: *Nietzsche-Narren* (1893), in: Ders.: *Der Nietzsche-Kultus. Eine Kritik.* Berlin 1990, S. 98-104.
Tucholsky, Kurt: *Fräulein Nietzsche. Vom Wesen des Tragischen* (1932), in: *Gesammelte Werke.* Bd. 10. Reinbek b. Hamburg 1960, S. 9-15.
Türck, Hermann: *Fr. Nietzsche und seine philosophischen Irrwege.* Dresden 1891.
Volz, Pia Daniela: *Nietzsche im Labyrinth seiner Krankheit.* Würzburg 1990.

Wagner, Cosima: *Die Tagebücher. Bd. II: 1873-1877*. München 1976.
Weigand, Wilhelm: *Friedrich Nietzsche. Ein psychologischer Versuch*. München 1893.

Internet

Friedrich-Nietzsche-Gesellschaft: www.nietzsche-gesellschaft.de
Friedrich Nietzsche Society (GB): www.fns.org.uk
Nietzsche-Forum München: www.nietzsche-forum-muenchen.de
Nietzsche-Haus in Sils-Maria: www.nietzschehaus.ch
Friedrich-Nietzsche-Stiftung: www.friedrich-nietzsche-stiftung.de
Nietzsche-Dokumentationszentrum Naumburg: www.nietzsche-dokumentationszentrum.de
Digitale Kritische Gesamtausgabe u. Digitale Faksimile Gesamtausgabe: www.nietzschesource.org
Weimarer Nietzsche-Bibliographie (WNB): ora-web.swkk.de/swk-db/niebiblio/index.html
Tagungsankündigungen, Neuerscheinungen; News etc.: www.nietzschecircle.com, www.nietzsche-news.org

Personenregister

Werkregister

Die *kursiv* gesetzten Titel bezeichnen Gedichte, Lieder, Kompositionen oder einzelne Abschnitte aus Werken oder Werkfragmenten.

Bildnachweis

akg-images, Berlin: 3, 7, 9, 17, 32, 35, 37, 46, 55, 56, 86, 92
Archiv der deutschen Jugendbewegung, Witzenhausen: 109 (AdJb N 38 Nr. 553)
Archiv und Bibliothek der Landesschule Pforta, Naumburg: 12 (alte Signatur: Port. 3911, Foto Nr. 65)
DER SPIEGEL; Hamburg: 99
Klassik Stiftung Weimar, Goethe- und Schiller-Archiv, Weimar: 14, 22, 74, 89, 93, 103, 112
Metro Goldwyn Mayer, Beverly Hills: 113
Nietzsche-Haus, Sils Maria: 64 (Foto: Joachim Jung)
Frédéric Pajak, Paris: 98
picture-alliance, Frankfurt am Main: 115 (imagestate / HIP)
Richard-Wagner-Archiv, Bayreuth: 19
Stadtmuseum Naumburg / Nietzsche-Haus: 118
ullstein bild, Berlin: 24 (Roger-Viollet)

Für das Werk von Fidus © VG Bild-Kunst, Bonn 2012
Für das Werk von Edvard Munch: © The Munch Museum / The Munch Ellingsen Group / VG Bild-Kunst, Bonn 2012

Umschlagabbildung: bpk, Berlin.

Alle übrigen Abbildungen stammen aus dem Archiv des Suhrkamp Verlags und des Autors.

Dank

Der Autor bedankt sich bei Petra Franke, Steffi Ott und Sandra Wesenberg für ihre Hilfe bei Korrekturarbeiten und Texterstellung sowie bei Ulrike Anders für ihr engagiertes Lektorat.